ステップ30

Excel 2021
ワークブック

カットシステム

もくじ

Contents

◆サンプルファイルと演習で使うファイルのダウンロード

本書で紹介したサンプルファイル、ならびに演習で使用するExcelファイルは、以下のURLからダウンロードできます。

https://cutt.jp/books/978-4-87783-856-0/

Step 01

Excelの起動と文字入力

Excelは表計算というジャンルに分類されるアプリケーションで、表を作成したり、データを処理したりするときに使用します。このステップでは、Excelの起動とデータの入力方法を学習します。

1.1 Excelの役割

　表計算アプリであるExcelは、（1）文字や数値が入力された**表を作成する**、（2）数値データをもとにさまざまな計算を行う、（3）データをもとに**グラフを作成する**、といった場面で利用されています。

　たとえば、テストの結果をまとめて平均点を算出したり、実験結果をグラフで示したりする場合などにExcelが役に立ちます。

1.2 Excelの起動

　それでは、Excelの使い方を解説していきましょう。まずは、Excelを起動するときの操作手順を解説します。

👆 ワンポイント

すべてのアプリ
スタートメニューに「Excel」のアイコンが表示されていない場合は、[すべてのアプリ]をクリックし、てアプリの一覧から「Excel」を選択します。

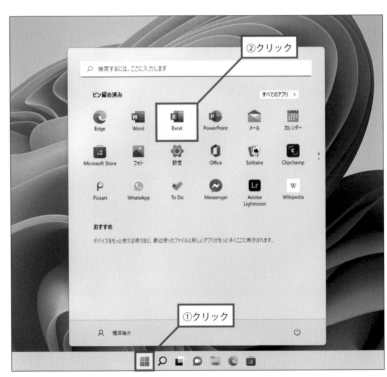

スタートメニューを開き、「Excel」のアイコンをクリックします。

1.3 Excelの起動画面

　Excelを起動すると、以下の図のような画面が表示されます。ここで「**空白のブック**」をクリックすると、何も入力されていない**ワークシート**が画面に表示されます。

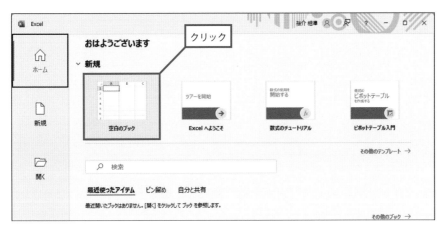

起動直後の画面

1.4 データの入力

　ワークシートには、縦横に区切られたマス目がいくつも表示されています。このマス目のことを**セル**と呼びます。セルに数値や文字を入力するときは、「セルの選択」→「データの入力」という手順で作業を進めていきます。

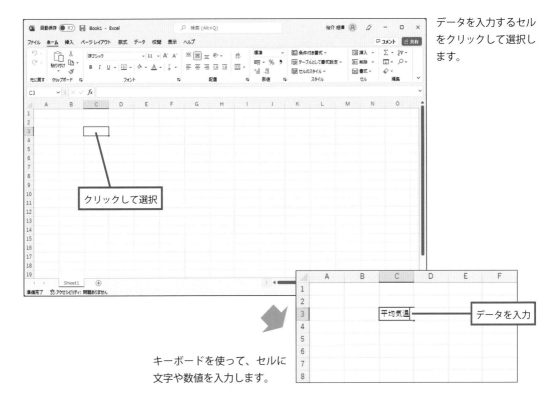

データを入力するセルをクリックして選択します。

キーボードを使って、セルに文字や数値を入力します。

1.5　入力したデータの修正

　セルに入力したデータを修正するときは、そのセルを選択してデータを再入力します。すると以前のデータが消去され、新しく入力したデータに置き換わります。入力したデータの一部分だけを修正するときは、セルを選択したあと**数式バー**でデータの修正を行います。

ダブルクリックの活用
データが入力されているセルをダブルクリックすると、セル内にカーソルが表示されます。この状態でデータの一部を修正することも可能です。

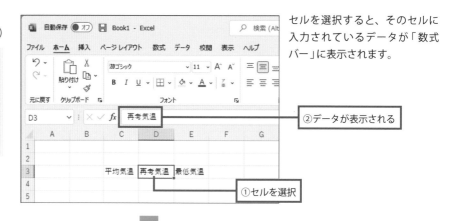

セルを選択すると、そのセルに入力されているデータが「数式バー」に表示されます。

②データが表示される

①セルを選択

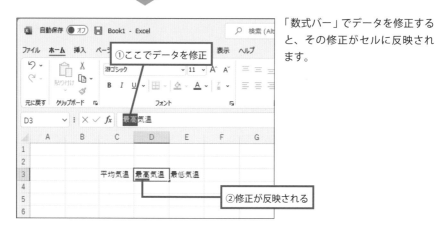

①ここでデータを修正

「数式バー」でデータを修正すると、その修正がセルに反映されます。

②修正が反映される

1.6　入力したデータの削除

　セルに入力したデータを削除するときは、そのセルを選択した状態で［Delete］キーを押します。すると、セル内のデータが削除され、空白のセルに戻ります。

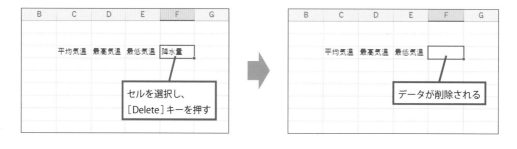

セルを選択し、
［Delete］キーを押す

データが削除される

1.7　データを連続して入力

　データを連続して入力するときは、[Tab] キーや [Enter] キーを利用すると便利です。[Tab] キーを押すと、「セルの選択」を1つ右のセルへ移動できます。[Enter] キーを押すと、「セルの選択」を1つ下のセルへ移動できます。

セルにデータを入力したあと…、

[Tab] キーを押すと1つ右のセルが選択され、右方向にデータを連続して入力できます。

[Enter] キーを押すと1つ下のセルが選択され、下方向にデータを連続して入力できます。

演習

（1）Excelを起動し、以下の図のように**データを入力**してみましょう。

　※セルに入力した数値は、自動的に「右揃え」で配置されます。

	A	B	C	D	E	F	G
1		2022年7月の気温					
2							
3			平均気温	最高気温	最低気温		
4		札幌	23.1	27.3	20		
5		東京	27.4	31.7	24.4		
6		名古屋	27.5	32	24.1		
7		大阪	28.4	32.5	25.4		
8		那覇	29.4	32.2	27.5		
9							
10							

（2）「平均気温」「最高気温」「最低気温」の文字を、それぞれ「平均」「最高」「最低」に修正してみましょう。

Step 02 ファイルの保存と読み込み

ワークシートに入力したデータは、ファイルに保存して管理します。続いては、ワークシートをファイルに保存する方法と、保存したファイルを読み込む方法を解説します。

■ **2.1 ワークシートをファイルに保存する**

データを入力したワークシートをファイルに保存するときは、[ファイル] タブを選択し、以下のように操作します。

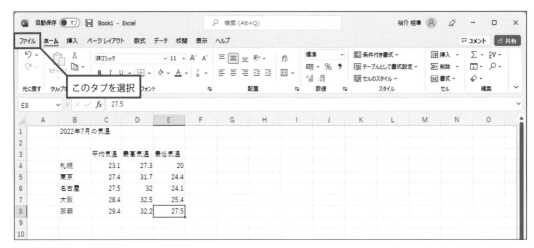

[ファイル] タブを選択します。

「名前を付けて保存」を選択します。続いて、「参照」をクリックします。

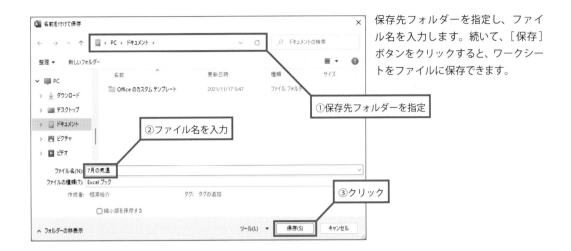

保存先フォルダーを指定し、ファイル名を入力します。続いて、［保存］ボタンをクリックすると、ワークシートをファイルに保存できます。

①保存先フォルダーを指定

②ファイル名を入力

③クリック

2.2　保存したワークシートをExcelで開く

　ワークシートをファイルに保存できたら、いちどExcelを終了し、ファイルを正しく開けるか確認してみましょう。保存したファイルのアイコンを**ダブルクリック**すると、そのファイルをExcelで開くことができます。

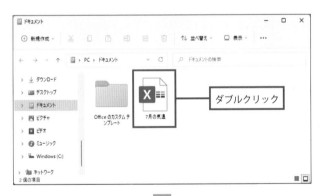

ダブルクリック

保存先フォルダーを開くと、Excelのファイルを確認できます。このアイコンをダブルクリックします。

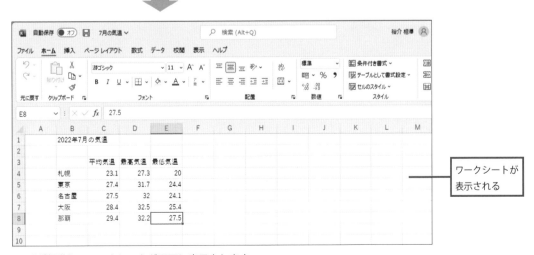

ワークシートが表示される

Excelが起動し、ワークシートが画面に表示されます。

2.3 ファイルの上書き保存

ワークシートに変更を加えたときは、**上書き保存**を実行しておく必要があります。この操作は、クイックアクセス ツールバーにある 🖫 をクリックすると実行できます。

[Ctrl]＋[S]キー
上書き保存をキーボードで実行することも可能です。この場合は、[Ctrl]キーを押しながら[S]キーを押します。便利な操作方法なので、ぜひ覚えておいてください。

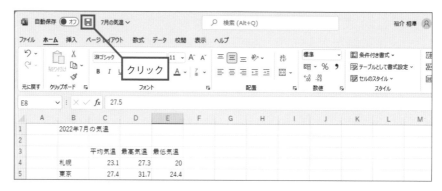

2.4 OneDriveにファイルを保存する

ワークシートをOneDriveに保存することも可能です。OneDriveはマイクロソフトが提供する無料のクラウド ストレージで、インターネット上にファイルを保存できるサービスです。自分のパソコンだけでなく、学校にあるパソコンなどでもワークシートの閲覧や編集を行いたい場合は、OneDriveに文書ファイルを保存しておくとよいでしょう。

※OneDriveを利用するには、Microsoftアカウントでサインインしておく必要があります。

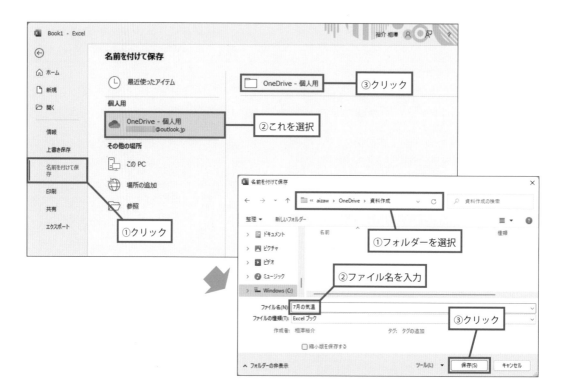

12

2.5 自動保存について

　OneDriveにファイルを保存すると**自動保存**が「オン」になり、自動的に**上書き保存**が実行されるようになります。このため、自分で上書き保存を実行しなくても「常に最新の状態」にファイルを保つことができます。

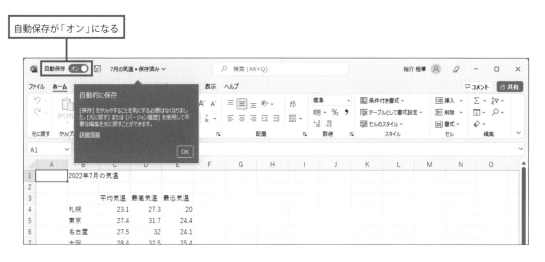

　ただし、操作ミスをしたときも自動保存が実行されることに注意してください。たとえば、誤操作によりデータを削除してしまうと、そのデータを削除した状態でファイルの上書き保存が実行されます。このようなトラブルを避けるには**自動保存を「オフ」**にして、自分で上書き保存するように設定を変更しておくと確実です。

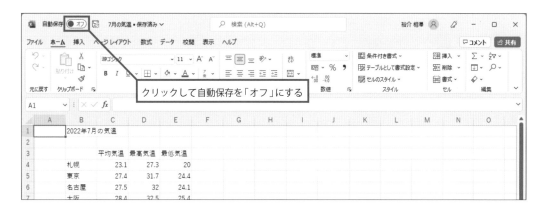

演 習

（1）**ステップ01の演習（1）**のようにデータを入力し、ファイルに保存してみましょう。
（2）いちどExcelを終了したあと、**演習（1）**で保存したファイルをダブルクリックしてワークシートを開いてみましょう。
（3）「**平均気温**」「**最高気温**」「**最低気温**」の文字を、それぞれ「**平均**」「**最高**」「**最低**」に修正し、**上書き保存**してみましょう。

Excel の画面構成

ステップ03では、Excelの画面構成について解説します。タブの切り替え、画面の拡大／縮小などをスムーズに行えるように、各部の名称と基本的な操作方法を学習してください。

3.1 Excelの画面構成

Excelを起動してワークシートを表示すると、以下のような構成で画面が表示されます。まずは、各部の名称と大まかな役割を紹介します。

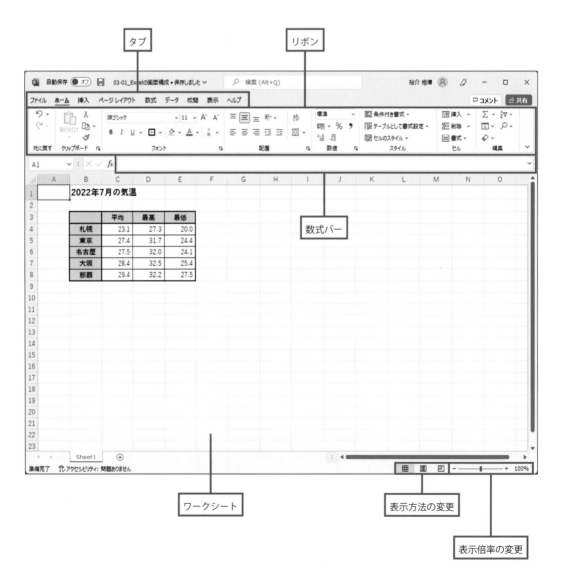

3.2 タブの選択とリボンの表示

リボンに表示されるコマンドは、選択しているタブに応じて変化します。このため、実際に作業するときは、「タブで大まかな操作を選択」→「リボンでコマンドを選択」という手順で操作を進めていきます。

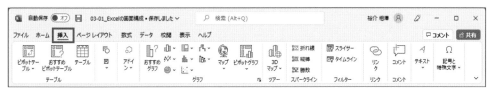

［挿入］タブを選択したときのリボンの表示

［数式］タブを選択したときのリボンの表示

［データ］タブを選択したときのリボンの表示

リボンに表示されるコマンドは、ウィンドウの幅に応じて配置が変化します。ウィンドウの幅が狭いときは、アイコンだけの表示になったり、折りたたんで表示されたりすることに注意してください。

3.3　表示倍率の変更

　画面に表示されている**ワークシート**は、その表示倍率を自由に変更できます。表示倍率を変更するときは、ウィンドウ右下にある**ズーム**を操作します。

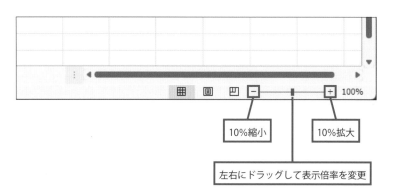

☞ **ワンポイント**

表示倍率を数値で指定
「○○%」と表示されている部分をクリックすると、「ズーム」ウィンドウが表示され、ワークシートの表示倍率を数値（%）で指定できます。

10%縮小

10%拡大

左右にドラッグして表示倍率を変更

文字が小さくて見にくいときは、表示倍率を拡大すると作業を進めやすくなります。

表示倍率を拡大

　そのほか、マウスを使ってワークシートの表示を拡大／縮小することも可能です。この場合は、キーボードの［**Ctrl**］キーを押しながらマウスホイールを上下に回転させます。

3.4　表示方法の変更

　Excelには3種類の表示方法が用意されています。これらのうち、通常時に使用する表示方法は**標準**です。他の表示方法は、印刷イメージを確認したり、印刷の設定を変更したりするときに活用します。それぞれの表示方法は、ウィンドウ右下にあるアイコンをクリックすると切り替えられます。

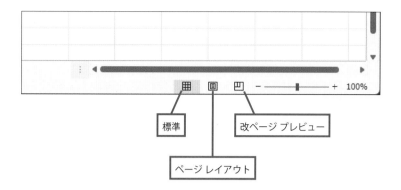

標準

ページ レイアウト

改ページ プレビュー

◆ 標準

通常は、この表示方法でワークシートの編集作業を進めていきます。

◆ ページ レイアウト

印刷イメージを確認しながら編集作業を進めていくときに利用します。

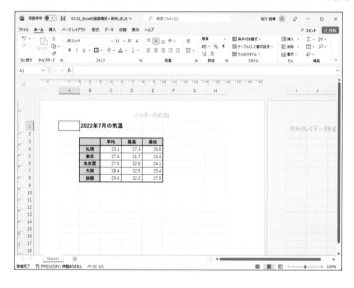

◆ 改ページ プレビュー

表を印刷するときに、「どこでページを区切るか？」を指定できます。詳しい使い方はステップ14で解説します。

演 習

（1）［挿入］〜［ヘルプ］のタブを順番に選択し、リボンの表示がどのように変化するかを確認してみましょう。

（2）ステップ02の演習（3）で保存したファイルを開き、ワークシートの表示倍率を150%に変更してみましょう。

（3）マウスホイールを使って、ワークシートの表示倍率を拡大／縮小してみましょう。

セル範囲の選択

Excelで書式指定などの操作を行うときは、あらかじめセルを選択しておく必要があります。続いては、セル範囲や行、列などを選択するときの操作手順を解説します。

4.1 セル範囲の選択

複数のセルをまとめて選択するときは、その範囲をマウスで**斜めに**ドラッグします。すると、それを対角線とする四角形の**セル範囲**を選択できます。

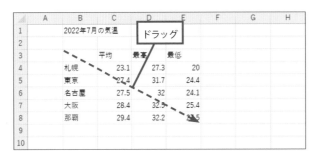

選択する範囲をマウスでドラッグします。

複数のセル（セル範囲）がまとめて選択されます。

セル範囲の選択を解除するときは、適当なセルをマウスでクリックします。

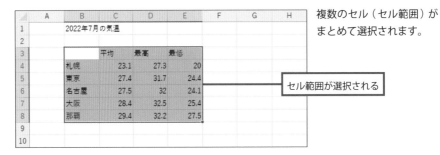

適当なセルをクリックすると、選択中のセル範囲を解除できます。

4.2 行、列の選択

行全体を選択するときは、画面の左に並んでいる「1、2、3、……」の**行番号**をクリックします。

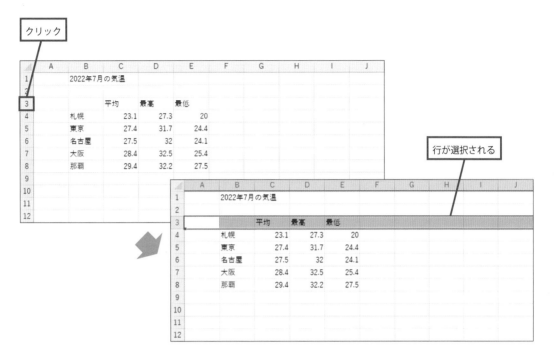

同様に、画面の上に並んでいる「A、B、C、……」の**列番号**をクリックすると、列全体を選択できます。

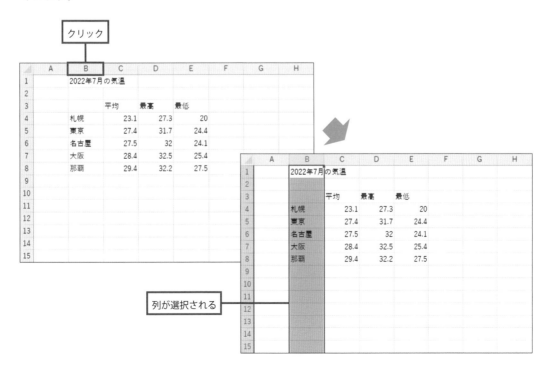

4.3　複数の行、列を選択

　複数の行または列をまとめて選択することも可能です。この場合は、**行番号**や**列番号**の上を
マウスでドラッグします。

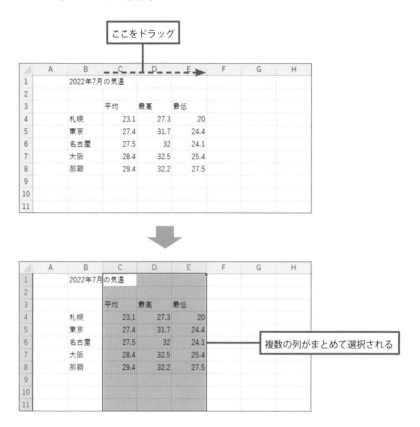

4.4　ワークシート全体の選択

　ワークシート上にある「すべてのセル」をまとめて選択する方法も用意されています。この
場合は、ワークシートの左上にある ◪ をクリックします。

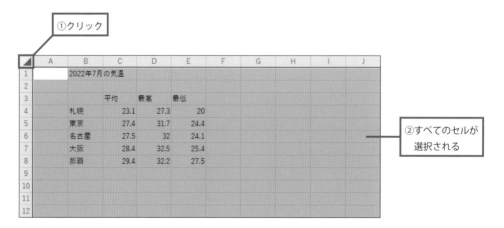

4.5 離れたセル範囲の選択

　四角形でない範囲をまとめて選択するときは、[Ctrl] キーを利用して「セル範囲の選択」を追加していきます。

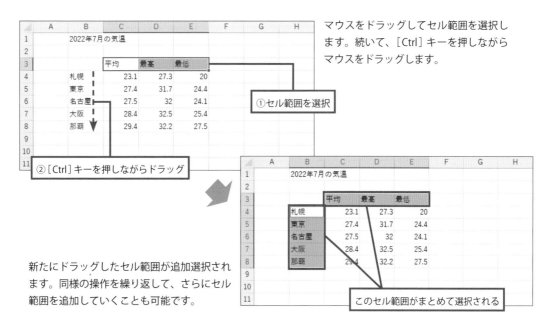

マウスをドラッグしてセル範囲を選択します。続いて、[Ctrl] キーを押しながらマウスをドラッグします。

①セル範囲を選択

②[Ctrl] キーを押しながらドラッグ

このセル範囲がまとめて選択される

新たにドラッグしたセル範囲が追加選択されます。同様の操作を繰り返して、さらにセル範囲を追加していくことも可能です。

演 習

（1）**ステップ02の演習（3）**で保存したファイルを開き、以下のセル範囲を選択してみましょう。

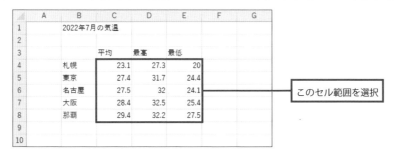

このセル範囲を選択

（2）続いて、**3行目**を選択してみましょう。

（3）[Ctrl] キーを利用し、以下のセル範囲を選択してみましょう。

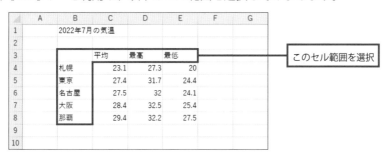

このセル範囲を選択

Step 05 文字の書式設定

各セルに入力したデータは、フォントや文字サイズ、文字色などの書式を自由に変更できます。このステップでは、文字の書式を変更するときの操作手順を解説します。

5.1 文字の書式の指定手順

文字の書式を変更するときは、あらかじめセル（またはセル範囲）を選択し、[ホーム]タブの「フォント」グループで書式を指定します。

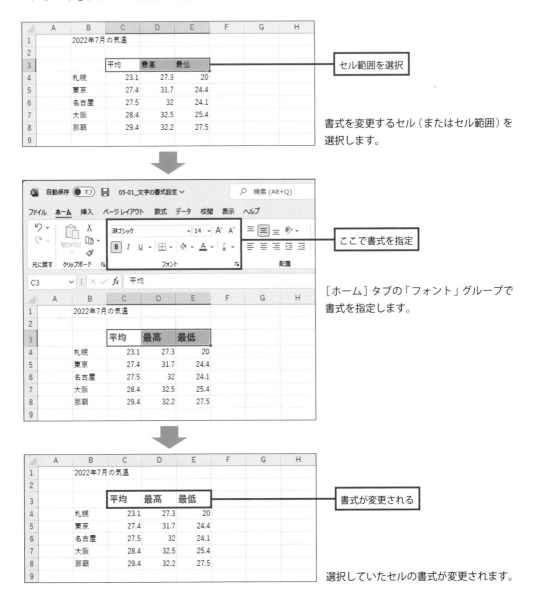

セル範囲を選択

書式を変更するセル（またはセル範囲）を選択します。

ここで書式を指定

[ホーム]タブの「フォント」グループで書式を指定します。

書式が変更される

選択していたセルの書式が変更されます。

5.2 フォントの指定

書体を変更するときは、游ゴシック ▽（フォント）の▽をクリックし、一覧からフォントを選択します。

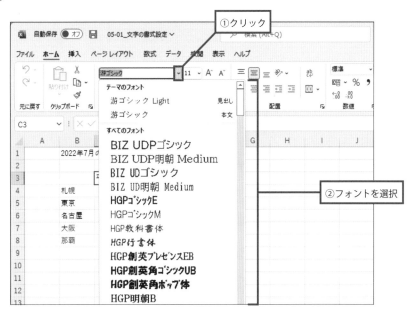

① クリック

② フォントを選択

ワンポイント

フォントと行の高さ
フォントを変更したときに「行の高さ」が自動調整される場合もあります。「行の高さ」を自分で指定する方法については、ステップ07で詳しく解説します。

5.3 文字サイズの指定

文字サイズを変更するときは、11 ▽（フォント サイズ）の▽をクリックし、一覧から数値を選択します。なお、ここに表示される数値の単位は**ポイント**となります。

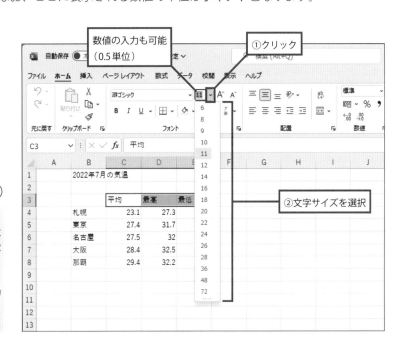

数値の入力も可能
（0.5単位）

① クリック

② 文字サイズを選択

用語解説

ポイント
ポイントは長さの単位で、1ポイント＝1／72インチ（約0.353mm）となります。たとえば、12ポイントの文字は約4.2mm四方の文字サイズになります。

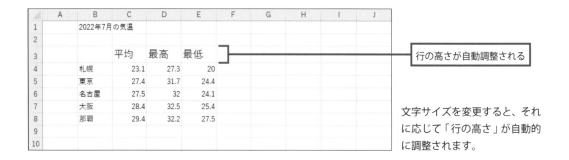

行の高さが自動調整される

文字サイズを変更すると、それに応じて「行の高さ」が自動的に調整されます。

5.4 文字色の指定

文字色を変更するときは、（フォントの色）の⌄をクリックし、一覧から色を選択します。ここで「その他の色」を選択し、「色の設定」ウィンドウで文字色を指定することも可能です。

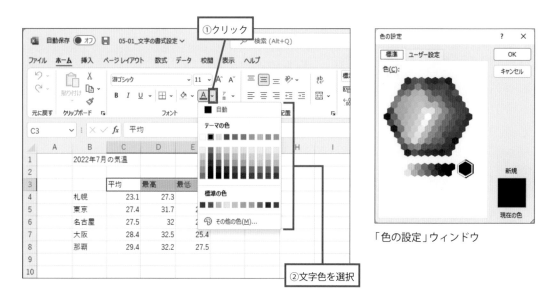

「色の設定」ウィンドウ

5.5 太字、斜体、下線の指定

そのほか、**太字**、*斜体*、下線の書式を指定することも可能です。これらの書式は、以下のアイコンをクリックして有効／無効を切り替えます。

太字　斜体　下線

5.6 文字単位で書式を指定

　セルではなく、文字に対して書式を指定することも可能です。この場合は、**数式バー**で文字を選択してから書式を指定します。

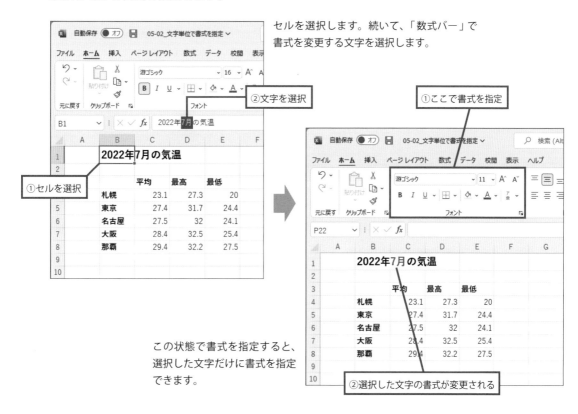

セルを選択します。続いて、「数式バー」で
書式を変更する文字を選択します。

この状態で書式を指定すると、
選択した文字だけに書式を指定
できます。

演 習

（1）ステップ02の演習（3）で保存したファイルを開き、B1セルのフォントを「HGPゴシックE」に
　　変更してみましょう。さらに、B1セルの文字サイズを16ポイントに変更してみましょう。

（2）3〜8行目の文字サイズを14ポイントに変更してみましょう。

（3）「最高」の文字色を「赤」、「最低」の文字色を「青」に変更してみましょう。

（4）C3〜E3とB4〜B8のセル範囲に太字を指定してみましょう。

　《作業後、ファイルを上書き保存しておきます》

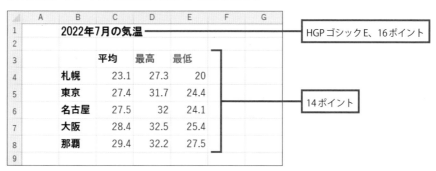

背景色と罫線の指定

Excelには、セルの背景を色で塗りつぶしたり、セルの周囲に罫線を引いたりする書式も用意されています。これらの書式は、表を見やすくする場合などに活用できます。

6.1 セルの背景色の指定

セルの背景色を指定するときは、[ホーム] タブにある 🪣 (塗りつぶしの色) を使って、以下のように操作します。

背景色を指定するセル (セル範囲) を選択します。

セル範囲を選択

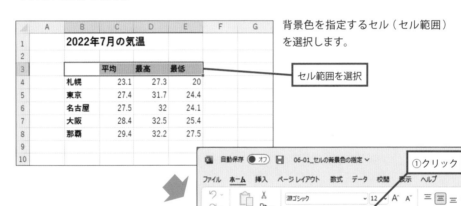

①クリック

②色を選択

🪣 (塗りつぶしの色) の ⌄ をクリックし、一覧から色を選択します。

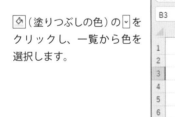

ワンポイント

背景色の解除
セルの背景色を「なし」に戻すときは、一覧から「塗りつぶしなし」を選択します。

色で塗りつぶされる

指定した色でセルの背景が塗りつぶされます。

6.2　罫線の指定

　セルの周囲に罫線を描画するときは、⊞（罫線）のコマンドを使用します。たとえば、表全体に「格子の罫線」を描画するときは、以下のように操作します。

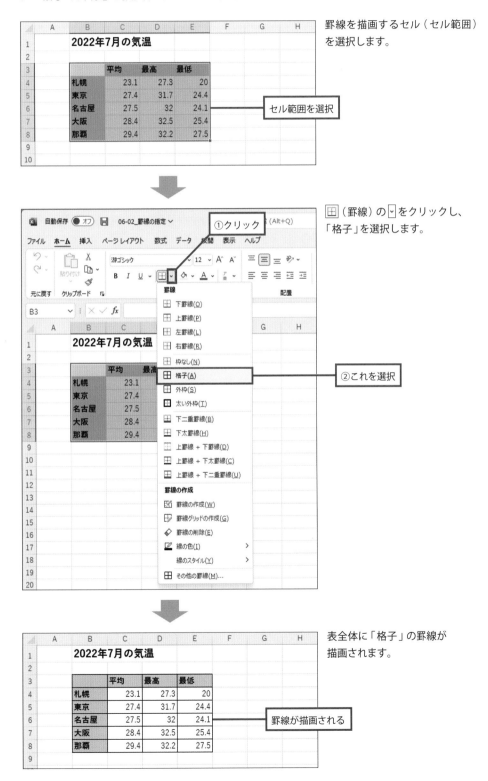

罫線を描画するセル（セル範囲）を選択します。

セル範囲を選択

⊞（罫線）の⌄をクリックし、「格子」を選択します。

①クリック

②これを選択

表全体に「格子」の罫線が描画されます。

罫線が描画される

⊞（罫線）のコマンドには、以下に示した13種類の罫線が用意されています。

⊞ ‥‥‥ **下**に罫線を描画します。

⊞ ‥‥‥ **上**に罫線を描画します。

⊞ ‥‥‥ **左**に罫線を描画します。

⊞ ‥‥‥ **右**に罫線を描画します。

⊞ ‥‥‥ 外枠と内部にある**罫線をすべて削除**します。

⊞ ‥‥‥ **格子の罫線**を描画します。

⊞ ‥‥‥ **外枠**に罫線を描画します。

⊡ ‥‥‥ **外枠**に**太線**の罫線を描画します。

⊞ ‥‥‥ **下**に**二重線**の罫線を描画します。

⊞ ‥‥‥ **下**に**太線**の罫線を描画します。

⊞ ‥‥‥ **上下**に罫線を描画します。

⊞ ‥‥‥ **上下**に罫線を描画します。**下の罫線は太線**になります。

⊞ ‥‥‥ **上下**に罫線を描画します。**下の罫線は二重線**になります。

6.3 マウスのドラッグで罫線を指定

　Excelには、マウスのドラッグにより罫線を描画する方法も用意されています。「黒以外の罫線」や「点線の罫線」などを描画するときは、以下のように操作します。

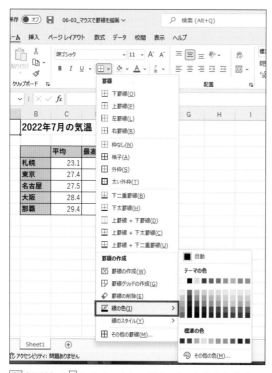

⊞（罫線）の∨をクリックし、「線の色」を指定します。

続いて、⊞（罫線）の∨をクリックし、「線のスタイル」を指定します。

　「線の色」や「線のスタイル」を指定すると「**罫線の作成**」がONになり、ポインタが ✐ に変化します。この状態でマウスをドラッグすると、指定した色、スタイルの罫線を描画できます。

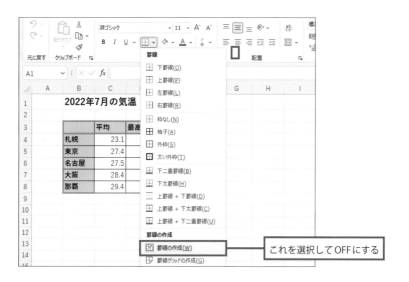

セルとセルの間をなぞるようにドラッグすると、直線の罫線を描画できます。

マウスを斜めにドラッグすると、そのセル範囲の外枠を囲む罫線を描画できます。

罫線の描画を終えるときは、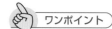（罫線）の⌄をクリックし、「**罫線の作成**」を選択してOFFにします。すると、ポインタが通常の形状に戻り、罫線の描画が終了します。

ワンポイント

罫線の削除
マウスのドラッグで罫線を削除することも可能です。この場合は 田 から「罫線の削除」を選択し、マウスをドラッグします。

演 習

（1）ステップ05の演習（4）で保存したファイルを開き、「表の見出し」に好きな色の背景色を指定してみましょう。
（2）続いて、以下の図のように罫線を描画してみましょう。
　　《作業後、ファイルを上書き保存しておきます》

	平均	最高	最低
札幌	23.1	27.3	20
東京	27.4	31.7	24.4
名古屋	27.5	32	24.1
大阪	28.4	32.5	25.4
那覇	29.4	32.2	27.5

Step 07 行、列の操作

このステップでは、「行の高さ」や「列の幅」を変更するときの操作手順を解説します。また、行/列を削除する方法、行/列を挿入する方法についても解説します。

7.1 「行の高さ」と「列の幅」の変更

　セルに入力したデータの文字数が多いとき（または少ないとき）は、列の幅を変更すると表が見やすくなります。各列の幅は、ワークシートの上部にある列番号を区切る線を左右にドラッグすると変更できます。

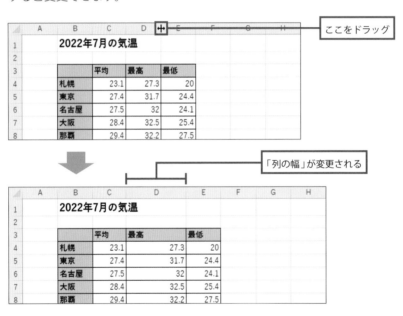

　同様に、行番号を区切る線を上下にドラッグして行の高さを変更することも可能です。

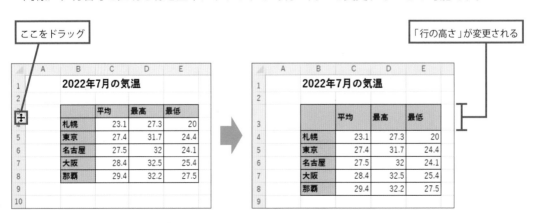

7.2 「行の高さ」や「列の幅」を数値で指定

列の幅を数値で指定することも可能です。この場合は、以下のように操作します。なお、数値の単位は、標準フォント（11ptの半角文字）の**文字数**となります。

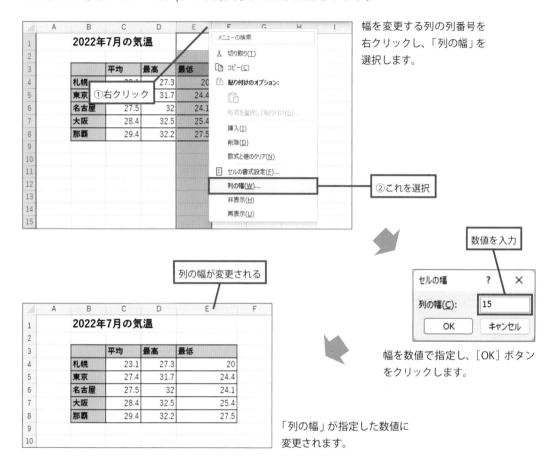

幅を変更する列の列番号を右クリックし、「列の幅」を選択します。

②これを選択

数値を入力

幅を数値で指定し、［OK］ボタンをクリックします。

列の幅が変更される

「列の幅」が指定した数値に変更されます。

同様に、**行の高さ**を数値で指定することも可能です。この場合は、**ポイント**を単位として数値を指定します。

行の高さを数値で指定するときは、行番号を右クリックし、「行の高さ」を選択します。

①右クリック

②これを選択

7.3 「行の高さ」や「列の幅」を揃える

　前ページに示した方法は、列の幅を揃える場合にも活用できます。この場合は、複数の列を選択した状態で、右クリックメニューから「列の幅」を選択します。同様の手順で行の高さを揃えることも可能です。

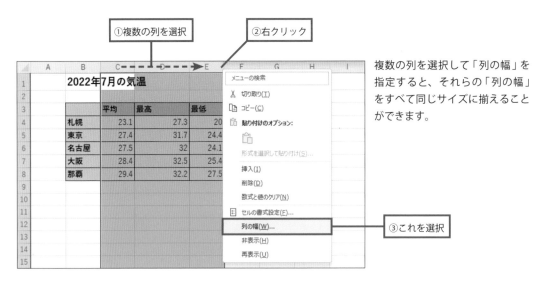

複数の列を選択して「列の幅」を指定すると、それらの「列の幅」をすべて同じサイズに揃えることができます。

7.4 行、列の削除

　続いては、行／列を削除する方法を解説します。行／列を削除するときは、右クリックメニューから「削除」を選択します。

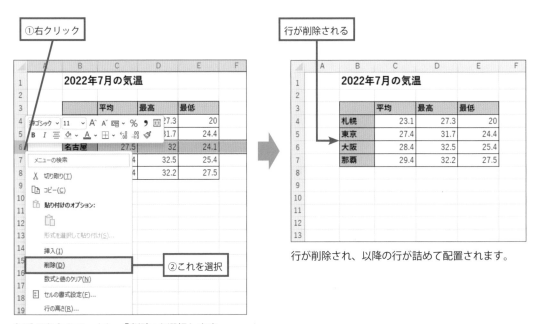

行が削除され、以降の行が詰めて配置されます。

行番号を右クリックし、「削除」を選択します。
※列を削除するときは、列番号を右クリックし、「削除」を選択します。

7.5 行、列の挿入

表の途中に行／列を挿入することも可能です。この場合は、右クリックメニューから「挿入」を選択します。

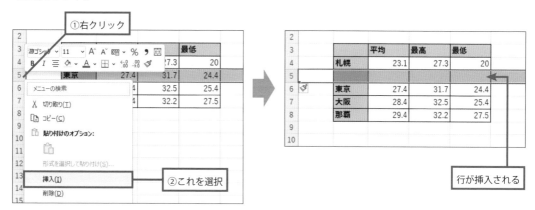

行／列を挿入すると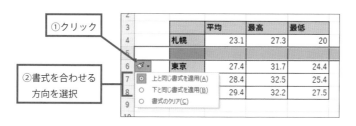（挿入オプション）が表示されます。このアイコンは、「挿入した行（列）の書式を、上下（左右）のどちらに合わせるか？」を指定するときに利用します。

演 習

（1）ステップ06の演習（2）で保存したファイルを開き、D列の幅を大きくしてみましょう。

（2）C列、D列、E列の幅を「12」に変更し、各列の幅を揃えてみましょう。

（3）6行目を削除してみましょう（「名古屋」の行を削除します）。

（4）行を挿入して、以下の図のように「仙台」のデータを追加してみましょう。

《作業後、ファイルを上書き保存しておきます》

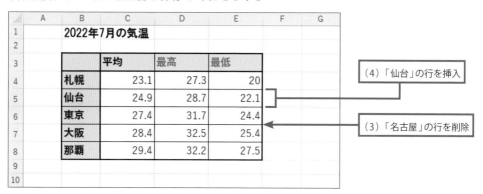

Step 08 文字の配置と小数点以下の表示

セルに入力したデータは、文字の配置を「中央揃え」などに変更できます。また、小数点以下の表示桁数を指定することも可能です。続いては、これらの書式を指定するときの操作手順を解説します。

8.1 文字の配置の指定

ワンポイント

上下方向の配置
[ホーム] タブには、上下方向の配置を指定するアイコンも用意されています。「上揃え」や「下揃え」で配置するときは、これらのアイコンをクリックします。

セルにデータを入力すると、**文字は左揃え、数値は右揃え**で配置されます。これを他の配置に変更するときは、[ホーム] タブにある3つのアイコンを利用します。

左揃え　中央揃え　右揃え

たとえば、文字を「**中央揃え**」で配置するときは、以下のように操作します。

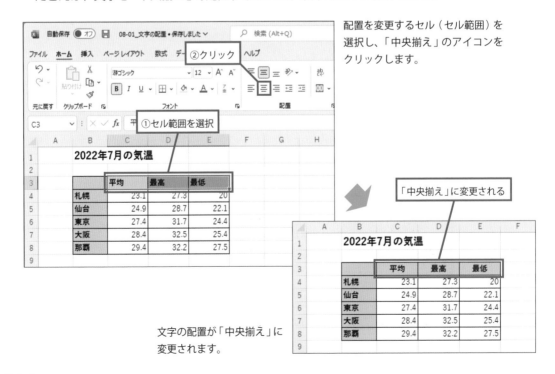

②クリック

①セル範囲を選択

配置を変更するセル（セル範囲）を選択し、「中央揃え」のアイコンをクリックします。

「中央揃え」に変更される

文字の配置が「中央揃え」に変更されます。

2022年7月の気温

	平均	最高	最低
札幌	23.1	27.3	20
仙台	24.9	28.7	22.1
東京	27.4	31.7	24.4
大阪	28.4	32.5	25.4
那覇	29.4	32.2	27.5

8.2 「標準」の表示形式について

　　Excelには表示形式と呼ばれる書式が用意されています。この書式はデータの表示方法を指定するもので、最初はすべてのセルに「標準」の表示形式が指定されています。この場合、小数点以下の0（ゼロ）が自動的に省略される仕組みになっています。たとえば、セルに「12.00」と入力して［Enter］キーを押すと、その表示は「12」に変更されます。

セルに「12.00」と入力すると…、

小数点以下の0（ゼロ）が省略され、「12」と
表示されます。

8.3 小数点以下の表示桁数

　　小数点以下の0（ゼロ）を画面に表示するには、表示形式を自分で指定する必要があります。小数点以下の表示桁数は、［ホーム］タブにある2つのアイコンで指定します。これらのアイコンをクリックするごとに、小数点以下の表示桁数が1桁ずつ増減していきます。

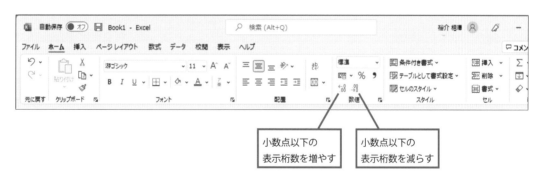

小数点以下の
表示桁数を増やす

小数点以下の
表示桁数を減らす

②このアイコンを2回クリック

①セルを選択

セルを選択して を2回クリックすると…、

「小数点以下の表示桁数」を2桁増やすことができます。

8.4　表示桁数と実際の数値

⬅️00 や 00➡️ は数値の表示方法だけを変更する書式となります。入力した数値そのものは変更されないことに注意してください。

たとえば、「3.141592」と入力したあと 00➡️ を2回クリックすると、セルの表示は「3.1416」に変更されます（小数点以下第5位で四捨五入されます）。ただし、実際に保持されている数値は「3.141592」のまま変化しません。このため、⬅️00 を2回クリックして表示桁数を元に戻すと、セルの表示も「3.141592」に戻ります。

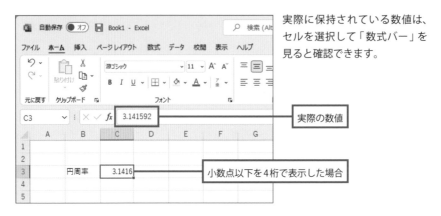

実際に保持されている数値は、
セルを選択して「数式バー」を
見ると確認できます。

実際の数値

小数点以下を4桁で表示した場合

8.5　表示桁数の統一

それぞれのセルで「小数点以下の表示桁数」が異なると、表の数値を読み取りづらくなります。このような場合は、以下のように操作して「小数点以下の表示桁数」を統一します。

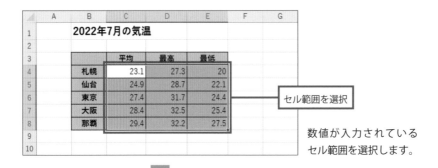

セル範囲を選択

数値が入力されている
セル範囲を選択します。

をクリックして表示桁数を1桁増やすと…、

基準になるセル

C4セルを基準にして表示桁数が1桁増えるため、「小数点以下の表示桁数」は2桁に統一されます。

をクリックして表示桁数を1桁減らすと…、

	平均	最高	最低
札幌	23.1	27.3	20.0
仙台	24.9	28.7	22.1
東京	27.4	31.7	24.4
大阪	28.4	32.5	25.4
那覇	29.4	32.2	27.5

2022年7月の気温

表示桁数が1桁減り、「小数点以下の表示桁数」を1桁に統一できます。

 演習

（1）ステップ07の演習（4）で保存したファイルを開き、見出しの文字の配置を**中央揃え**に変更してみましょう。

（2）数値の表示を**小数点以下1桁**に統一してみましょう。

　　※C4～E8の「小数点以下の表示桁数」を1桁に統一します。

　　《作業後、ファイルを上書き保存しておきます》

	平均	最高	最低
札幌	23.1	27.3	20.0
仙台	24.9	28.7	22.1
東京	27.4	31.7	24.4
大阪	28.4	32.5	25.4
那覇	29.4	32.2	27.5

2022年7月の気温

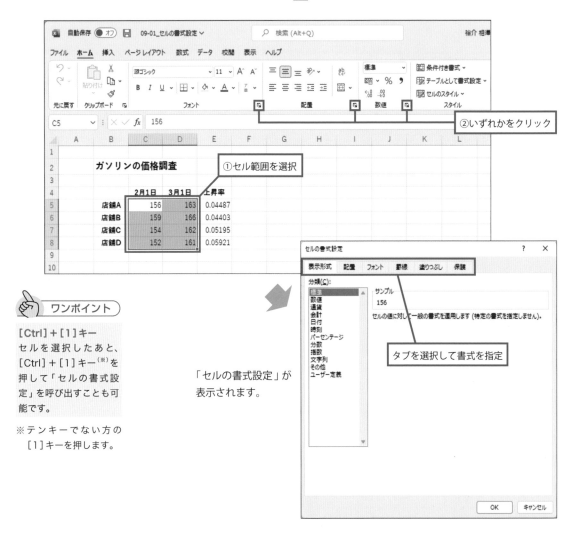

Step 09 セルの書式設定（1）

セルの表示形式を詳しく指定したいときは、「セルの書式設定」を使用します。続いては、「セルの書式設定」を使って表示形式や配置を指定する方法を解説します。

9.1 「セルの書式設定」の呼び出し

「セルの書式設定」を使って書式を指定することも可能です。この場合は、書式を指定するセル（セル範囲）を選択し、［ホーム］タブにある ⤢ をクリックします。

ワンポイント

[Ctrl]＋[1]キー
セルを選択したあと、[Ctrl]＋[1]キー（※）を押して「セルの書式設定」を呼び出すことも可能です。

※テンキーでない方の[1]キーを押します。

「セルの書式設定」が表示されます。

「セルの書式設定」には全部で6つのタブが用意されています。続いては、各タブで指定できる書式について解説していきます。

9.2 ［表示形式］タブで指定できる書式

　［表示形式］タブでは、選択しているセル（セル範囲）の表示形式を指定できます。以下に、よく利用する表示形式の設定画面を紹介しておくので参考にしてください。

「標準」の表示形式

表示形式を「標準」に変更します。表示形式を最初の状態に戻すときに利用します。

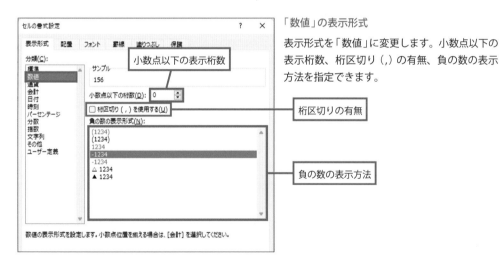

「数値」の表示形式

表示形式を「数値」に変更します。小数点以下の表示桁数、桁区切り（,）の有無、負の数の表示方法を指定できます。

小数点以下の表示桁数

桁区切りの有無

負の数の表示方法

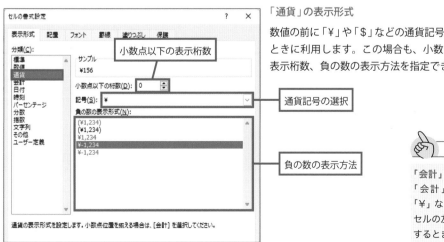

「通貨」の表示形式

数値の前に「¥」や「$」などの通貨記号を付けるときに利用します。この場合も、小数点以下の表示桁数、負の数の表示方法を指定できます。

小数点以下の表示桁数

通貨記号の選択

負の数の表示方法

ワンポイント

「会計」の表示形式
「会計」の表示形式は、「¥」などの通貨記号をセルの左端に揃えて表示するときに利用します。

「日付」「時刻」の表示形式

日付の表示方法を指定するときに利用します。

時刻の表示方法を指定するときに利用します。

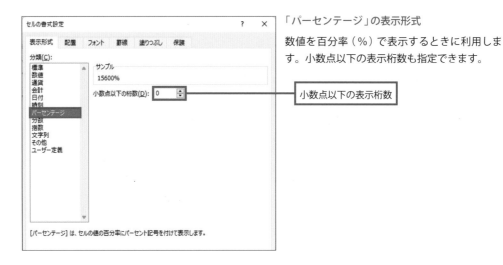

「パーセンテージ」の表示形式

数値を百分率（％）で表示するときに利用します。小数点以下の表示桁数も指定できます。

「文字列」の表示形式

入力した内容をそのまま画面に表示するときに利用します。「＝」や「＋」などで始まる文字を、そのままセルに表示させる場合などに活用できます。

※表示形式に「文字列」を指定し、その後、データの入力を行います。

9.3　［配置］タブで指定できる書式

　［配置］タブでは、セルに入力した文字の配置を指定できます。「中央揃え」や「右揃え」といった配置方法のほか、文字を斜めに表示する配置も指定できます。

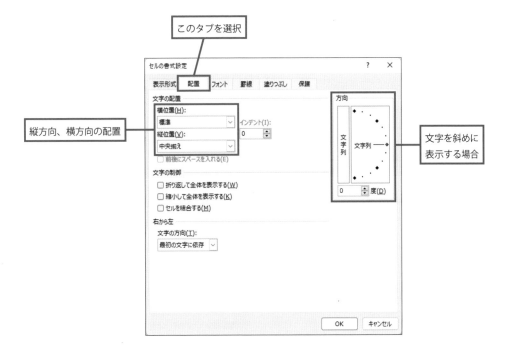

（1）Excelを起動し、以下のように表を作成してみましょう。

	A	B	C	D	E	F	G
1							
2		ガソリンの価格調査					
3							
4			2月1日	3月1日	上昇率		
5		店舗A	156	163	0.04487		
6		店舗B	159	166	0.04403		
7		店舗C	154	162	0.05195		
8		店舗D	152	161	0.05921		
9							
10							

- 14ポイント、太字
- 太字、中央揃え
- 太字、中央揃え

（2）C5〜D8のセル範囲に「通貨」の表示形式を指定し、先頭に「￥」の通貨記号を付けてみましょう。

（3）C4〜D4のセル範囲に「日付」の表示形式を指定し、日付を「2/1」や「3/1」という形式で表示してみましょう。

（4）E5〜E8のセル範囲に「パーセンテージ」の表示形式を指定し、「小数点以下の表示桁数」を1桁にしてみましょう。

《作業後、ワークシートをファイルに保存しておきます》

Step 10 セルの書式設定 (2)

「セルの書式設定」を使って文字の書式を指定したり、罫線や背景色を指定したりすることも可能です。続いては、これらの書式を指定する方法を解説します。

10.1 ［フォント］タブで指定できる書式

「セルの書式設定」の［フォント］タブでは、フォントや文字サイズ、文字色、太字／斜体、下線などの書式に加えて、**取り消し線／上付き／下付き**といった書式を指定できます。

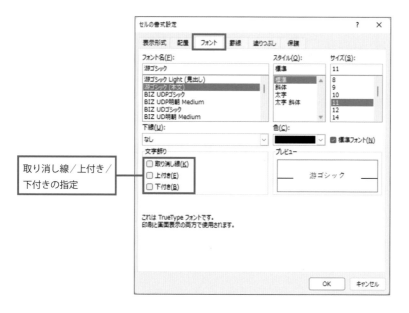

なお、セル内にある一部の文字だけに書式を指定するときは、その文字を数式バーで選択してから「セルの書式設定」で書式を指定します。

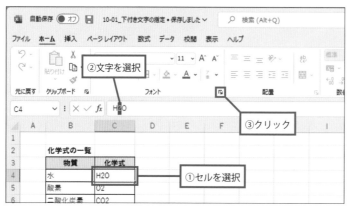

数式バーで文字を選択し、「フォント」グループにある
🔲 をクリックします。

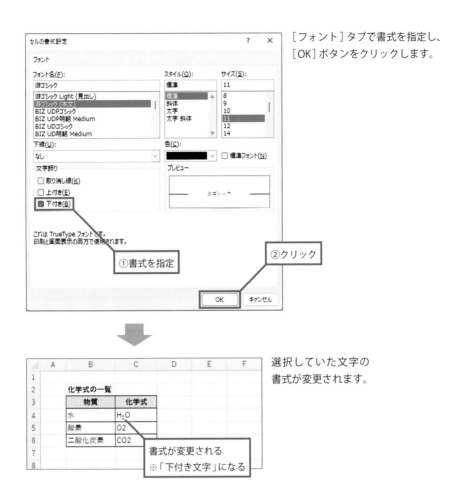

［フォント］タブで書式を指定し、
［OK］ボタンをクリックします。

①書式を指定

②クリック

選択していた文字の
書式が変更されます。

書式が変更される
※「下付き文字」になる

10.2 ［罫線］タブで指定できる書式

　［罫線］タブでは、選択しているセル（セル範囲）の罫線を指定できます。ここでは、先に
スタイルと色を選択してから、各ボタンをクリックして罫線の描画/消去を指定します。

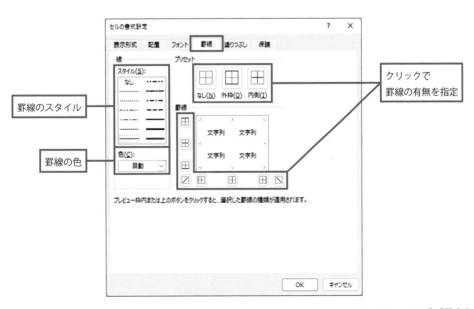

罫線のスタイル

罫線の色

クリックで
罫線の有無を指定

たとえば、表の外枠に「太線」、表の内側に「細線」の罫線を描画するときは、以下のように操作します。

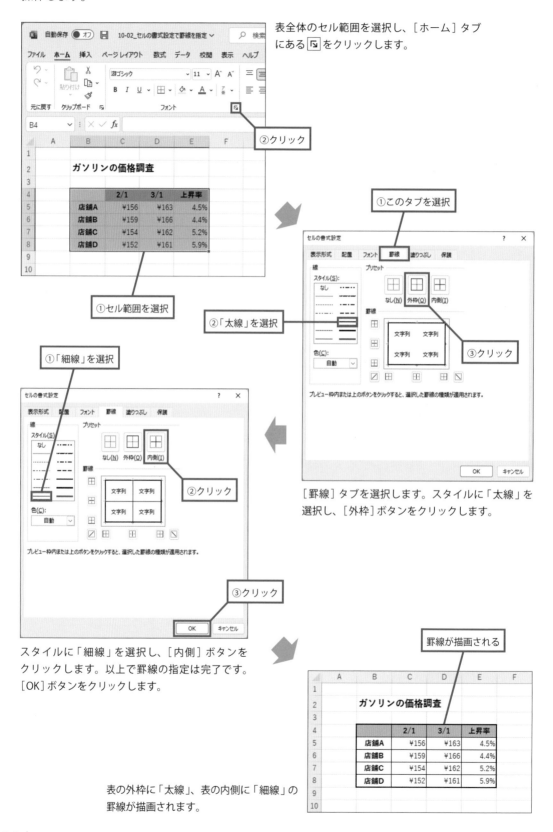

表全体のセル範囲を選択し、[ホーム]タブにある をクリックします。

②クリック

①セル範囲を選択

①このタブを選択

②「太線」を選択

③クリック

[罫線]タブを選択します。スタイルに「太線」を選択し、[外枠]ボタンをクリックします。

①「細線」を選択

②クリック

③クリック

スタイルに「細線」を選択し、[内側]ボタンをクリックします。以上で罫線の指定は完了です。[OK]ボタンをクリックします。

罫線が描画される

表の外枠に「太線」、表の内側に「細線」の罫線が描画されます。

10.3 ［塗りつぶし］タブで指定できる書式

［塗りつぶし］タブでは、セルの背景色（塗りつぶしの色）を指定できます。

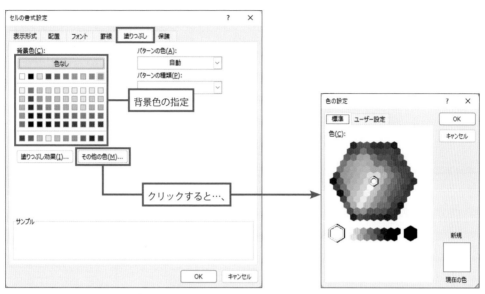

「色の設定」が表示され、好きな色
を背景色に指定できます。

ワンポイント

［保護］タブについて
［保護］タブは、データや書式の変更を禁止するときに使用します。
ただし、この設定を有効にするには「シートの保護」（P120参照）を
実行しておく必要があります。

演習

（1）ステップ09の演習（4）で保存したファイルを開き、「セルの書式設定」を使って以下の図のよう
に罫線を描画してみましょう。

	A	B	C	D	E	F	G	H
1								
2		ガソリンの価格調査						
3								
4			2/1	3/1	上昇率			
5		店舗A	¥156	¥163	4.5%			
6		店舗B	¥159	¥166	4.4%			
7		店舗C	¥154	¥162	5.2%			
8		店舗D	¥152	¥161	5.9%			
9								
10								

二重線、青

点線、青

（2）「セルの書式設定」を使って、B4 〜 E4のセル範囲に好きな色の背景色を指定してみましょう。
　※［塗りつぶし］タブの［その他の色］ボタンを使って背景色を指定します。
　《作業後、ファイルを上書き保存しておきます》

Step 11 オートフィルとセルの結合

このステップでは、「オートフィル」と「セルの結合」について解説します。スムーズに表を作成したり、思いどおりの形に表を加工したりするときに役立つ機能なので、よく使い方を覚えておいてください。

11.1 オートフィルの使い方

オートフィルは、「データ」や「書式」をコピーするときに活用できる機能です。オートフィルを使ってデータをコピーするときは、選択しているセルの右下にある ⊞ をドラッグします。

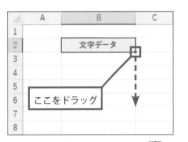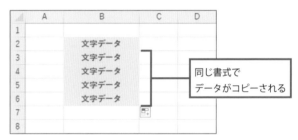

コピー元となるセルを選択し、⊞ をドラッグします。

ドラッグした範囲に「データ」と「書式」がコピーされます。

オートフィルを実行すると、画面に 🖫 （オートフィル オプション）が表示されます。「データ」または「書式」だけをコピーするときは、ここでコピーする内容を指定します。

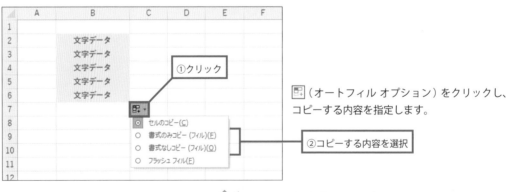

🖫 （オートフィル オプション）をクリックし、コピーする内容を指定します。

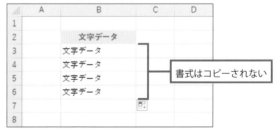

「書式なしコピー（フィル）」を選択すると、データだけをコピーできます。
※この場合、書式はコピーされません。

11.2 連続する数値、文字のコピー

オートフィルは、「数値を含む文字」や「月、火、水、木、……」のように規則性のある文字をコピーする場合にも活用できます。

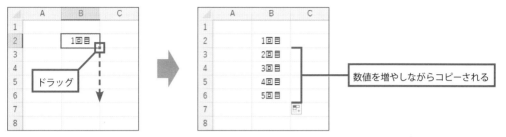

「数値を含む文字」は、数値が1つずつ増加しながらデータがコピーされます。

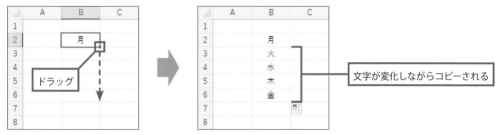

「月、火、水、……」や「Jan、Feb、Mar、……」のように規則性のある文字をコピーすることも可能です。

なお、数値を1つずつ増加させながらコピーするときは、オートフィルを実行したあと、（オートフィル オプション）をクリックして「連続データ」を選択します。

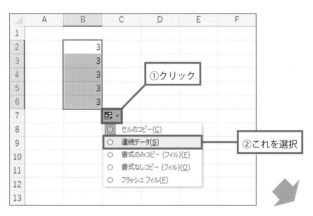

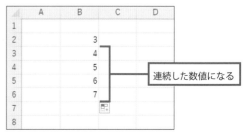

11.3 セル範囲を繰り返してコピー

　セル範囲を選択した状態でオートフィルを実行すると、「元のセル範囲」のデータを繰り返してコピーできます。こちらも便利な機能となるので、ぜひ使い方を覚えておいてください。

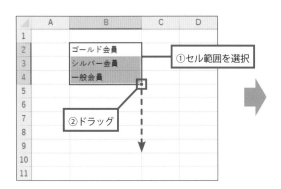
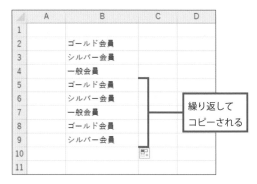

11.4 セルの結合

　Excelには、「複数のセル」を「1つのセル」に結合する機能も用意されています。セルを結合するときは、国（セルを結合して中央揃え）をクリックします。

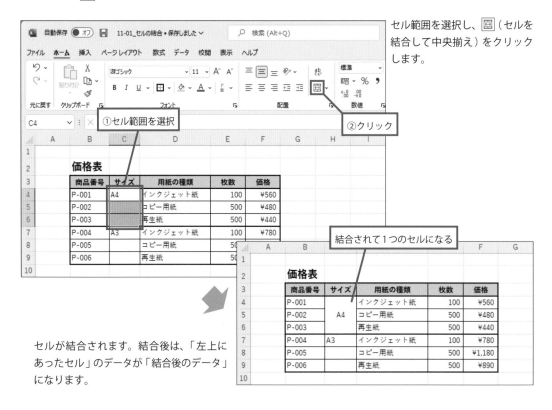

セル範囲を選択し、国（セルを結合して中央揃え）をクリックします。

セルが結合されます。結合後は、「左上にあったセル」のデータが「結合後のデータ」になります。

　なお、結合したセルを元の状態に戻すときは、もういちど国（**セルを結合して中央揃え**）をクリックしてOFFにします。

11.5 折り返して全体を表示

セルに文章を入力するときは、 📑（折り返して全体を表示する）を指定すると、表が見やすくなる場合もあります。

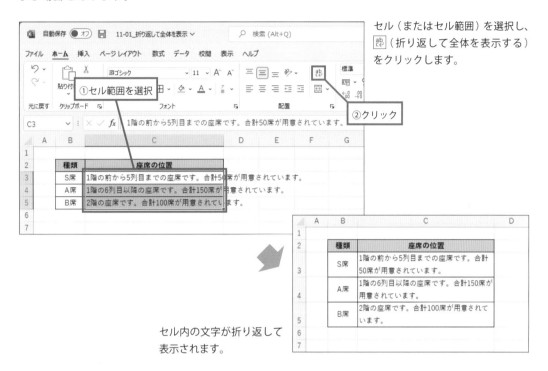

セル（またはセル範囲）を選択し、📑（折り返して全体を表示する）をクリックします。

セル内の文字が折り返して表示されます。

演習

（1）**answer11-00.xlsx**のファイルをダウンロードし、**オートフィル**を使って**B4**セルを**B5〜B9**にコピーしてみましょう。

※ https://cutt.jp/books/978-4-87783-856-0/ からダウンロードできます。

※ B5〜B9のセル範囲に「P-002」〜「P-006」の文字を入力します。

（2）**D4〜D6**のセル範囲を選択し、オートフィルを使って**D7〜D9**にコピーしてみましょう。

※ D7〜D9のセル範囲に「インクジェット紙」〜「再生紙」の文字を入力します。

（3）**C4〜C6**ならびに**C7〜C9**のセルを結合し、1つのセルにしてみましょう。

《作業後、ファイルを上書き保存しておきます》

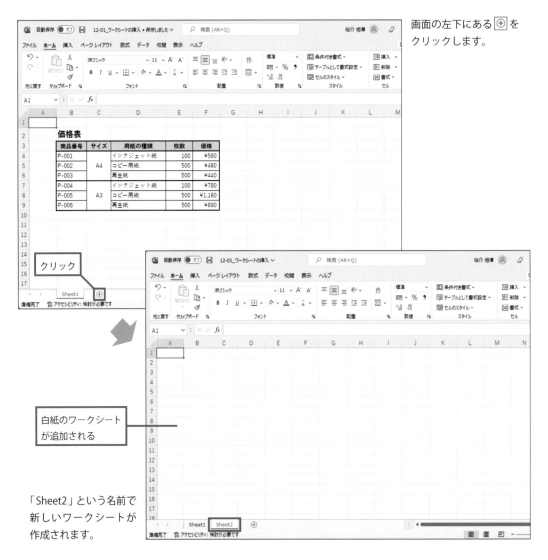

Step 12 ワークシートの操作

1つのExcelファイルに「複数のワークシート」を保存することも可能です。このステップでは、ワークシートを追加したり、シート名を変更したりする方法を学習します。

12.1 新しいワークシートの挿入

Excelを起動すると、「Sheet1」という名前のワークシートが表示されます。ここに新しいワークシートを追加して、複数のワークシートを「1つのExcelファイル」（**Excelブック**）で管理することも可能です。新しいワークシートを作成するときは、画面の左下にある ⊕（**新しいシート**）をクリックします。

画面の左下にある ⊕ を
クリックします。

クリック

白紙のワークシート
が追加される

「Sheet2」という名前で
新しいワークシートが
作成されます。

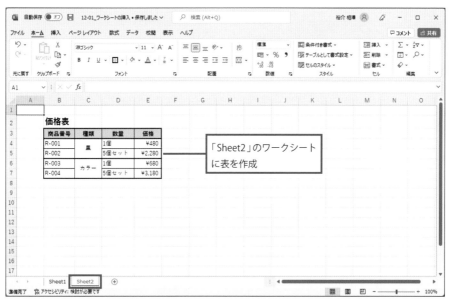

「Sheet2」のワークシートにも、これまでと同様の手順で表を作成できます。

　同様の手順を繰り返して、3枚以上のワークシートを「1つのExcelファイル」で管理することも可能です。

12.2　ワークシートの切り替え

操作するワークシートは、シート見出しをクリックすると切り替えられます。

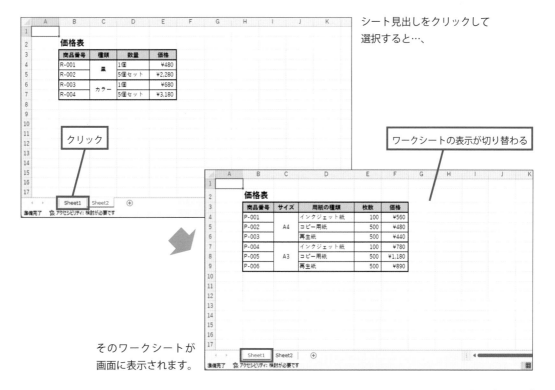

シート見出しをクリックして
選択すると…、

クリック

ワークシートの表示が切り替わる

そのワークシートが
画面に表示されます。

12.3 ワークシートの削除

不要なワークシートを Excel ファイルから削除することも可能です。ワークシートを削除するときは、以下のように操作します。

削除するワークシートの「シート見出し」を右クリックし、「削除」を選択します。

そのワークシートが削除されます。

12.4 ワークシートの並べ替え

ワークシートを並べる順番を変更することも可能です。ワークシートの並び順を変更するときは、シート見出しを左右にドラッグします。

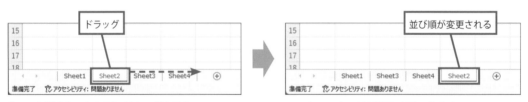

「シート見出し」を左右にドラッグすると…、

ワークシートの並び順を変更できます。

12.5 ワークシート名の変更

複数のワークシートを利用するときは、各ワークシートに名前を付けておくと便利です。ワークシートの名前（シート名）を変更するときは、以下のように操作します。

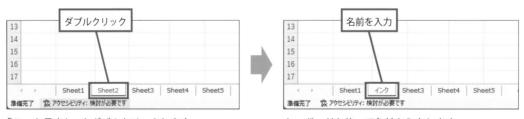

「シート見出し」をダブルクリックします。

キーボードを使って名前を入力します。

12.6 シート見出しの色

それぞれのシート見出しに色を付けて管理することも可能です。「シート見出しの色」は、以下のように操作すると変更できます。

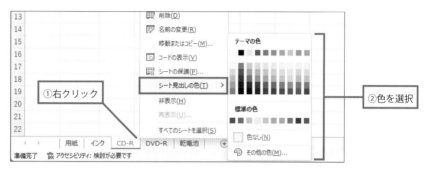

「シート見出し」を右クリックし、「シート見出しの色」から好きな色を選択します。

 ワンポイント

色の確認方法
選択中のワークシートは、「シート見出し」が白で表示されます。「シート見出し」の色を確認するときは、他のワークシートを選択するようにしてください。

他の「シート見出し」をクリックすると、「シート見出しの色」が変更されているのを確認できます。

演習

（1）ステップ11の演習（3）で保存したファイルを開き、新しいワークシート（Sheet2）に以下のような表を作成してみましょう。

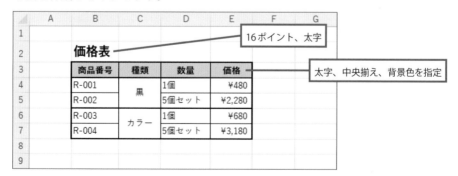

（2）さらに、新しいワークシート（Sheet3）を作成してみましょう。

（3）先ほど作成した「Sheet3」のワークシートを削除してみましょう。

（4）「Sheet1」のシート名を「用紙」、「Sheet2」のシート名を「インク」に変更してみましょう。

《作業後、ファイルを上書き保存しておきます》

Step 13 ワークシートの印刷とPDFの作成

これまでのステップで「表の作成」に関連する操作をひととおり解説できました。続いては、ワークシートを印刷したり、PDFを作成したりするときの操作手順を解説します。

13.1 印刷プレビューの確認

作成した表を印刷するときは、はじめに**印刷プレビュー**で印刷イメージを確認しておくのが基本です。印刷プレビューは、以下のように操作すると表示できます。

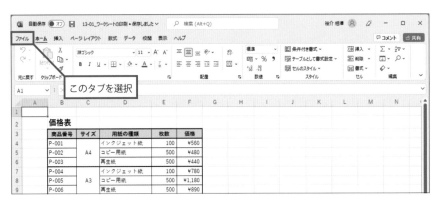

このタブを選択

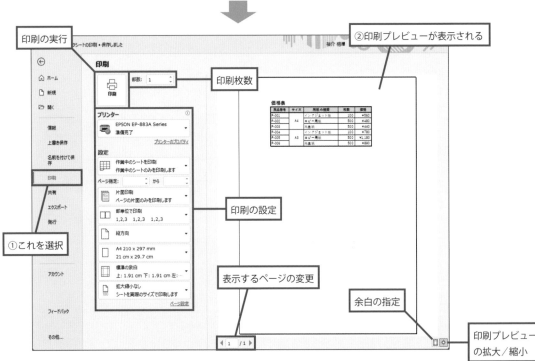

印刷の実行

②印刷プレビューが表示される

印刷枚数

印刷の設定

①これを選択

表示するページの変更

余白の指定

印刷プレビューの拡大／縮小

13.2 印刷の設定

　印刷プレビューの左側には、印刷に関連する設定項目が並んでいます。続いては、各項目で設定する内容について解説します。

◆ 部数

　各ページを印刷する枚数を数値で指定します。たとえば、5枚ずつ印刷するときは、ここに「5」と入力します。

◆ プリンターの選択

　印刷に使用するプリンターを選択します。

◆ 印刷範囲

　印刷する範囲を指定します。

・**作業中のシートを印刷**

　現在、選択しているワークシートを印刷します。

・**ブック全体を印刷**

　すべてのワークシートを印刷します。

・**選択した部分を印刷**

　あらかじめ選択しておいた「セル範囲」だけを印刷します。

◆ 片面印刷／両面印刷

　用紙の片面だけに印刷するか、もしくは両面に印刷するかを指定します。

◆ 印刷する順番

　2部以上の印刷を指定した場合に、各ページを印刷する順番を指定します。

◆ 用紙の向き／用紙サイズ／余白

　用紙の向き、サイズ、余白の大きさを変更できます。

◆ 縮小印刷

　表が用紙に収まるように、全体を縮小して印刷します。表が分割されて印刷されるのを避ける場合などに利用します。

◆ ページ設定

　「ページ設定」ウィンドウが表示されます。この画面は**印刷倍率**を指定したり、**余白**を数値で指定したりする場合などに活用します。

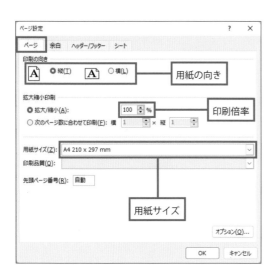
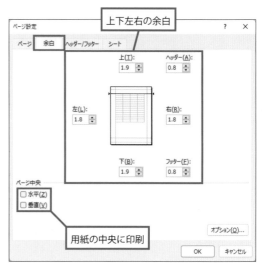

13.3 PDFの作成

　ワークシートをPDFに変換して保存することも可能です。PDFを作成するときは、以下のように操作します。

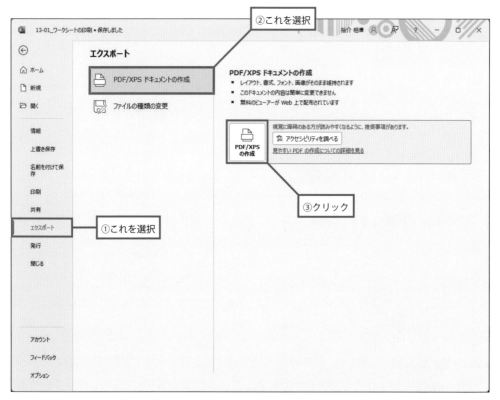

［ファイル］タブにある「エクスポート」を選択し、［PDF/XPSの作成］ボタンをクリックします。

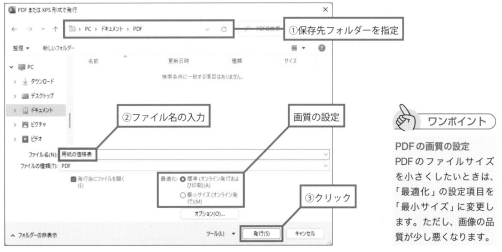

①保存先フォルダーを指定

②ファイル名の入力

画質の設定

③クリック

保存先フォルダーとファイル名を指定し、［発行］ボタンをクリックします。

ワンポイント

PDFの画質の設定
PDF のファイルサイズ
を小さくしたいときは、
「最適化」の設定項目を
「最小サイズ」に変更し
ます。ただし、画像の品
質が少し悪くなります。

PDF化された文書が表示されます。

ワンポイント

PDFのレイアウト
「印刷の設定」で指定し
た内容は、PDF のレイ
アウトにもそのまま引き
継がれます。

用紙の価格表

保存先フォルダーを開くと、
PDF ファイルが作成されて
いるのを確認できます。

演 習

(1) ステップ12の演習（4）で保存したファイルを開き、「用紙」のワークシートの印刷プレビューを
確認してみましょう。
(2) 用紙サイズをA4（横）に変更し、余白を「狭い」に変更してみましょう。
(3) 続いて、印刷倍率を170%に拡大し、印刷を実行してみましょう。
(4) 演習（2）〜（3）の設定で「用紙」のワークシートをPDF形式で保存してみましょう。

Step 14 印刷レイアウトの指定

サイズが大きい表を印刷したり、PDFに変換したりするときは、あらかじめ各ページの範囲を指定しておく必要があります。続いては、「ページ レイアウト」や「改ページ プレビュー」の使い方を学習します。

14.1 ページ レイアウトの活用

　大きい表を印刷したり、PDFを作成したりするときは、画面表示を**ページ レイアウト**に切り替えると、表が分割される位置を確認できます。

Excel画面の右下にある □（ページ レイアウト）をクリックします。

クリック

ルーラーが不要な場合

表示倍率を縮小

用紙に分割したイメージでワークシートが表示されます。このとき、「ルーラー」をOFFにすると、定規が非表示になり画面を広く使えます。

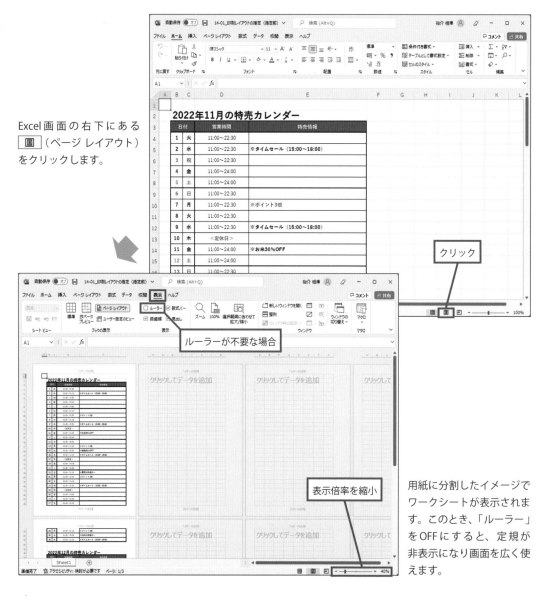

14.2 改ページ プレビューの活用

　適切な位置でページが分割されていなかった場合は、**改ページ プレビュー**で「ページを区切る位置」を変更します。

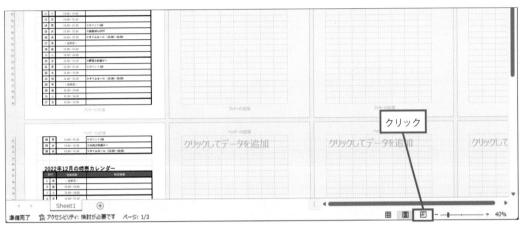

画面の右下にある $\boxed{凹}$（改ページ プレビュー）をクリックします。

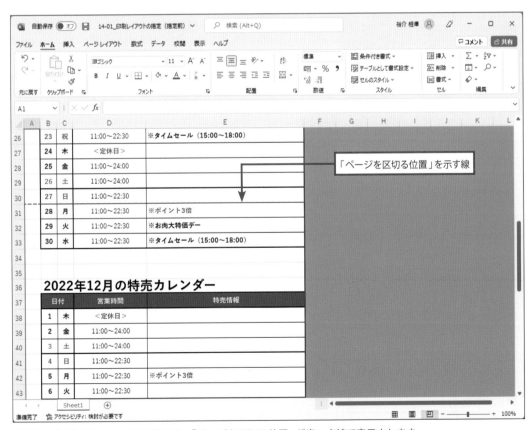

「改ページ プレビュー」に切り替わり、「ページを区切る位置」が青い点線で表示されます。

日付		営業時間	特売情報
23	祝	11:00〜22:30	※タイムセール（15:00〜18:00）
24	木	＜定休日＞	
25	金	11:00〜24:00	
26	土	11:00〜24:00	
27	日	11:00〜22:30	
28	月	11:00〜22:30	※ポイント3倍
29	火	11:00〜22:30	※お肉大特価デー
30	水	11:00〜22:30	※タイムセール（15:00〜18:00）

ドラッグして
「ページを区切る位置」を変更

2022年12月の特売カレンダー

日付		営業時間	特売情報
1	木	＜定休日＞	
2	金	11:00〜24:00	
3	土	11:00〜24:00	
4	日	11:00〜22:30	
5	月	11:00〜22:30	※ポイント3倍
6	火	11:00〜22:30	

青い点線を上下（または左右）にドラッグすると、「ページを区切る位置」を変更できます（図14-1）。

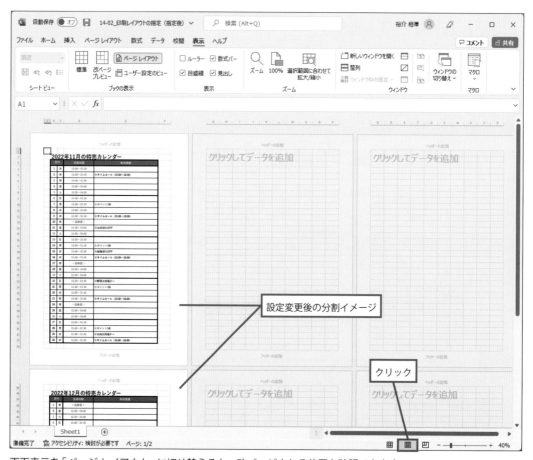

設定変更後の分割イメージ

クリック

画面表示を「ページ レイアウト」に切り替えると、改ページされる位置を確認できます。

14.3 改ページの挿入

改ページ プレビューを使って、「ページを区切る位置」（改ページ）を新たに追加することも可能です。

改ページを追加するときは、セルを右クリックし、「改ページの挿入」を選択します。

「右クリックしたセル」が「用紙の左上」になるように改ページが追加されます。

14.4 印刷の実行

「ページを区切る位置」を指定できたら、画面の右下にある ⊞（標準）をクリックして通常の画面表示に戻します。あとは、ステップ13で解説した手順で印刷したり、PDFを作成したりするだけです。これで思いどおりの位置でページを区切ることができます。

演習

（1）answer14-00.xlsxのファイルをダウンロードし、ページ レイアウトで印刷イメージを確認してみましょう。
　　※ https://cutt.jp/books/978-4-87783-856-0/ からダウンロードできます。
（2）画面表示を改ページ プレビューに切り替えて、図14-1のように「ページを区切る位置」を変更してみましょう。
（3）画面表示をページ レイアウトに戻し、印刷イメージが変更されていることを確認してみましょう。
（4）画面表示を標準に戻し、印刷を実行してみましょう。

Step 15 数式の入力

Excelには、セルに入力した数値をもとに計算を行う機能が用意されています。ここからは、Excelでさまざまな計算を行う方法を解説していきます。まずは、セルに数式を入力する方法を学習します。

15.1 数式の入力と演算記号

セルに**数式**を入力するときは、最初に「=」（イコール）の文字を入力します。続いて、「5+3」のように数式を入力して［Enter］キーを押すと、その計算結果がセルに表示されます。

ワンポイント

全角／半角の区別
数式の入力に使用する文字は、半角／全角のどちらでも構いません。全角文字で数式を入力すると、自動的に半角文字に変換されます。

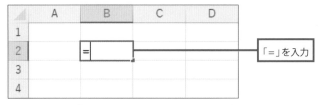

セルを選択し、「=」（イコール）の文字を入力します。

ワンポイント

計算の順序
「掛け算」「割り算」は、「足し算」「引き算」より先に計算されます。「足し算」や「引き算」を先に計算するときは、その前後をカッコで囲む必要があります。

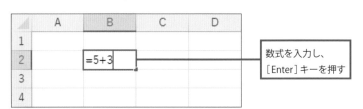

続けて、数式を入力し、［Enter］キーを押すと…、

計算結果が表示されます。

計算方法	演算記号
足し算	+
引き算	−
掛け算	*
割り算	/
べき乗	^
カッコ	( )

　なお、Excelで使用できる**演算記号**は、左の表のようになります。「掛け算」は「*」、「割り算」は「/」で記述することに注意してください。

15.2 セルの表示と実際に入力されている内容

前ページのように「=5+3」と入力して [Enter] キーを押すと、その計算結果である「8」がセルに表示されます。ただし、セルに入力した内容が「8」に変化した訳ではないことに注意してください。セルに入力されている内容はあくまで**数式**であり、計算結果ではありません。

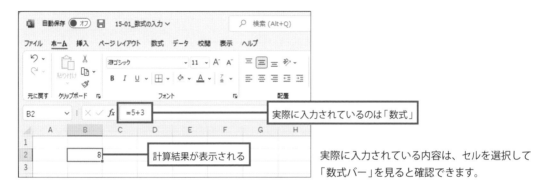

実際に入力されているのは「数式」

計算結果が表示される

実際に入力されている内容は、セルを選択して「数式バー」を見ると確認できます。

15.3 セルを参照した数式

「他のセル」に入力されている数値を利用して計算することも可能です。「他のセル」を参照した数式を入力するときは、「C3」のように**列番号 → 行番号**の順番でセルを指定します。

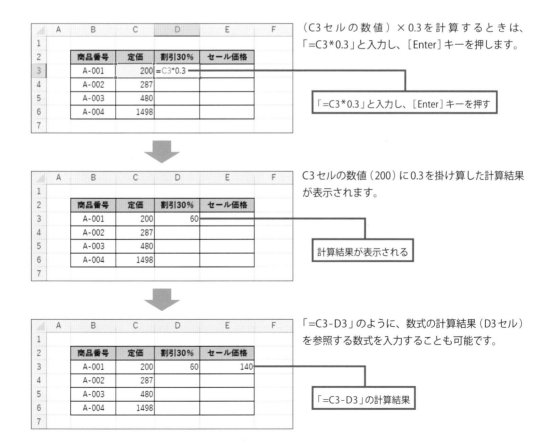

（C3 セルの数値）× 0.3 を計算するときは、「=C3*0.3」と入力し、[Enter] キーを押します。

「=C3*0.3」と入力し、[Enter] キーを押す

C3 セルの数値（200）に 0.3 を掛け算した計算結果が表示されます。

計算結果が表示される

「=C3-D3」のように、数式の計算結果（D3 セル）を参照する数式を入力することも可能です。

「=C3-D3」の計算結果

15.4 数式のオートフィル

　数式をオートフィルでコピーすることも可能です。このとき、数式のセル参照は自動修正されます。たとえば、下方向へコピーすると、数式のセル参照が1行ずつ下のセルに変更されていきます。同様に、右方向へコピーすると、セル参照が1列ずつ右のセルに変更されていきます。

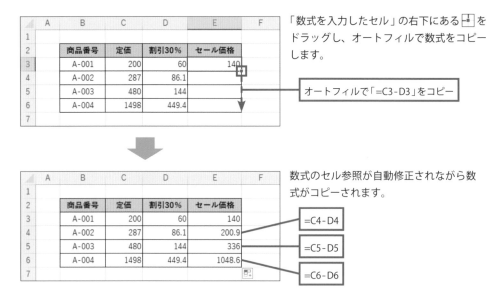

「数式を入力したセル」の右下にある 🔲 を
ドラッグし、オートフィルで数式をコピー
します。

オートフィルで「=C3-D3」をコピー

数式のセル参照が自動修正されながら数
式がコピーされます。

=C4-D4

=C5-D5

=C6-D6

15.5 行や列を挿入（削除）した場合

　行や列を挿入（削除）したときも、それに応じて数式のセル参照が自動修正されます。たとえば、E5セルに「=C5-D5」と入力し、下図のように行を挿入すると、数式が「=C6-D6」に自動修正されます。このため、数式を自分で修正する必要はありません。

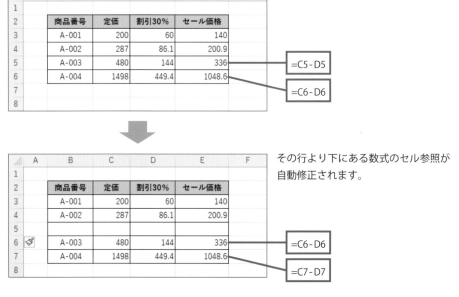

4行目と5行目の間に行を挿入すると…、

=C5-D5

=C6-D6

その行より下にある数式のセル参照が
自動修正されます。

=C6-D6

=C7-D7

15.6 計算結果の表示形式

　計算結果として表示される数値は、「小数点以下の表示桁数」などを表示形式で指定できます。指定方法は通常のセルと同じで、⬅️⓪やⓞⓞ➡️をクリックする、または「**セルの書式設定**」を使って表示形式を指定します。

「セルの書式設定」を使うと、計算結果の表示形式を詳しく指定できます。

計算結果は表示形式に従って表示されます。小数点以下の桁数に「0」を指定した場合は、1/10の位を四捨五入した結果が表示されます。

「通貨」を指定した場合（小数点以下0桁）

演 習

（1）以下のように表を作成し、**E3**セルに小計（単価×数量）を計算する**数式**を入力してみましょう。

	A	B	C	D	E	F	G
1							
2		品名	単価	数量	小計		
3		ボールペン	100	15			
4		ノート	150	15			
5		三角定規	240	10			
6		セロテープ	120	5			
7		輪ゴム	180	1			
8							

（2）オートフィルを使って、**E3**セルに入力した数式を**E4〜E7**にコピーしてみましょう。

（3）**C3〜C7**と**E3〜E7**の表示形式を「通貨」に変更してみましょう。

（4）「ボールペン」の「数量」（**D3**セル）を「**20**」に変更してみましょう。

《作業後、ワークシートをファイルに保存しておきます》

Step 16

関数の入力（1）

Excelには、さまざまな計算を簡単に実行できる関数が用意されています。関数を使うと、複雑な数式を入力しなくても「合計」や「平均」などを算出できます。ここからは、関数の利用方法について学習していきます。

16.1 関数とは？

数式を使うと、さまざまな計算を実行できます。たとえば、「=E3+E4+E5+E6」と入力すると、E3 ～ E6の合計を算出できます。同様に、「=(E3+E4+E5+E6)/4）」でE3 ～ E6の平均を求めることも可能です。ただし、参照するセルの数が多くなると、それだけ数式も長くなってしまい、あまり現実的ではありません。

このような場合は関数を利用します。Excelには、「合計を求める関数」や「平均を求める関数」など、数多くの関数が用意されています。そのほか、「最大値を求める関数」のように、数式では記述できない関数も用意されています。

16.2 合計を求める関数

まずは、「合計を求める関数」の入力方法を解説します。合計を求める関数SUMは、［ホーム］タブにある Σ（オートSUM）のアイコンをクリックすると入力できます。

関数を入力するセルを選択します。

セルを選択

［ホーム］タブにある Σ（オートSUM）のアイコンをクリックします。

クリック

セル範囲の確認
「合計するセル範囲」は
自動的に指定されます。
ただし、このセル範囲が
不適切な場合もありま
す。この場合は、セル範
囲を自分で修正する必要
があります（P68参照）。

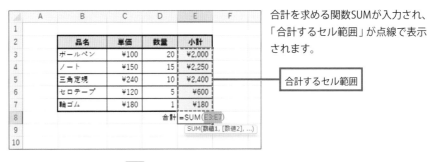

合計を求める関数SUMが入力され、
「合計するセル範囲」が点線で表示
されます。

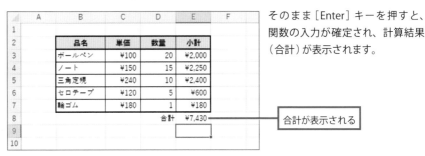

そのまま［Enter］キーを押すと、
関数の入力が確定され、計算結果
（合計）が表示されます。

16.3　平均、数値の個数、最大値、最小値を求める関数

Σ（オートSUM）の□をクリックすると、以下の図のような一覧が表示されます。ここで計算
方法を指定して関数を入力することも可能です。たとえば、「平均を求める関数」を入力すると
きは、一覧から「平均」を選択します。以降の操作手順は、「合計を求める関数」の場合と同様です。

この一覧にある関数は、それぞれ以下の計算を行う関数となります。

合計 ……………………… セル範囲の合計を算出します。
平均 ……………………… セル範囲の平均を算出します。
数値の個数 …………… セル範囲の中で数値が入力されているセルの個数を求めます。
最大値 …………………… セル範囲の中で最大の数値を求めます。
最小値 …………………… セル範囲の中で最小の数値を求めます。

16.4 参照するセル範囲の変更

 ∑（オートSUM）を使って関数を入力すると、「参照するセル範囲」が自動的に指定されます。ただし、このセル範囲が不適切な場合もあります。セル範囲（点線で囲まれた範囲）が不適切な場合は、以下のように操作してセル範囲を修正します。

関数を入力すると、「参照するセル範囲」が点線で表示されます。まずは、これを確認します（図16-1）。

「参照するセル範囲」を確認

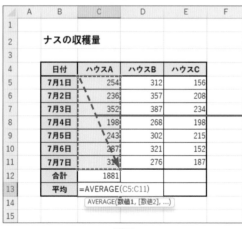

セル範囲が不適切な場合は、マウスをドラッグして「正しいセル範囲」を指定します。

ドラッグして「正しいセル範囲」を指定

［Enter］キーを押すと、関数の入力が確定され、計算結果が表示されます。

計算結果が表示される

16.5 参照するセル範囲の再指定

関数が「参照するセル範囲」を後から変更することも可能です。セル範囲の指定を間違えたときは、以下のように操作してセル範囲を修正します。

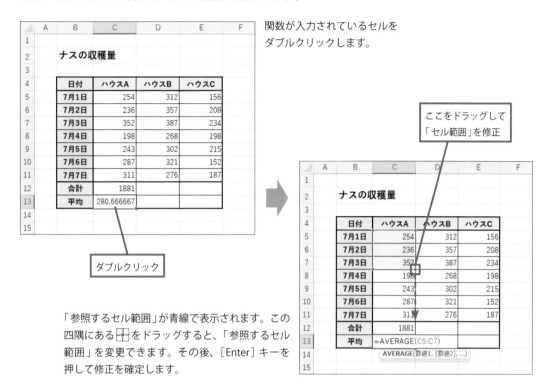

関数が入力されているセルを
ダブルクリックします。

ここをドラッグして
「セル範囲」を修正

ダブルクリック

「参照するセル範囲」が青線で表示されます。この四隅にある ⊞ をドラッグすると、「参照するセル範囲」を変更できます。その後、[Enter] キーを押して修正を確定します。

演 習

（1）ステップ15の演習（4）で保存したファイルを開き、以下の図のように「合計を求める関数」を入力してみましょう。

	品名	単価	数量	小計
	ボールペン	¥100	20	¥2,000
	ノート	¥150	15	¥2,250
	三角定規	¥240	10	¥2,400
	セロテープ	¥120	5	¥600
	輪ゴム	¥180	1	¥180
			合計	¥7,430

E3 ～ E7の合計を関数で求める

「合計」と入力し、「右揃え」を指定

（2）図16-1のように表を作成し、C12セルに合計を求める関数、C13セルに平均を求める関数を入力してみましょう。
　　※C5 ～ C11のセル範囲について合計と平均を求めます。
　　《作業後、ワークシートをファイルに保存しておきます》

Step 17 関数の入力（2）

このステップでは、「関数の構成」と「関数を直接入力する方法」について学習します。また、「関数のオートフィル」や「関数を検索して利用する方法」も紹介します。

17.1 関数の構成

関数は関数名と引数（ひきすう）で構成されており、「＝関数名（引数）」という形で記述します。引数には、計算に必要となる「数値」や「セル範囲」などを指定します。

たとえば「合計を求める関数」の関数名は SUM、引数は「合計するセル範囲」となります。同様に「平均を求める関数」の関数名は AVERAGE、引数は「平均するセル範囲」となります。

◆関数の構成

17.2 関数をセルに直接入力

関数の書き方がわかっている場合は、Σ（オート SUM）を使うのではなく、セルに関数を直接入力しても構いません。引数にセル範囲を指定するときは、「最初のセル」と「最後のセル」を「:」（コロン）で区切って記述します。

ワンポイント

引数が複数ある場合
複数の引数が必要になる関数もあります。この場合は、それぞれの引数を「,」（カンマ）で区切って記述します。

	A	B	C	D	E	F
1						
2		ナスの収穫量				
3						
4		日付	ハウスA	ハウスB	ハウスC	
5		7月1日	254	312	156	
6		7月2日	236	357	208	
7		7月3日	352	387	234	
8		7月4日	198	268	198	
9		7月5日	243	302	215	
10		7月6日	287	321	152	
11		7月7日	311	276	187	
12		合計	=SUM(C5:C11)			
13		平均				
14						
15						

関数を直接入力するときは、「＝関数名（引数）」という形で文字を入力します。

「＝関数名（引数）」を入力

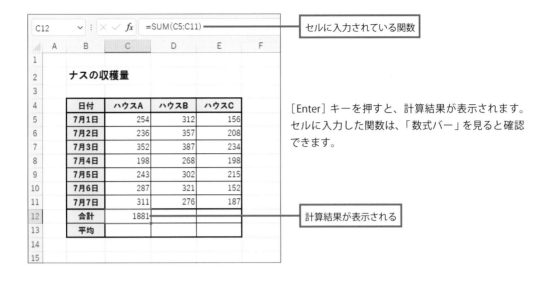

[Enter] キーを押すと、計算結果が表示されます。セルに入力した関数は、「数式バー」を見ると確認できます。

セルに入力されている関数

計算結果が表示される

17.3 関数のオートフィル

　関数をオートフィルでコピーすることも可能です。この場合は、カッコ内に記した引数が自動修正されて関数がコピーされます。たとえば、右方向へコピーすると、引数が1列ずつ右のセルに変更されていきます。

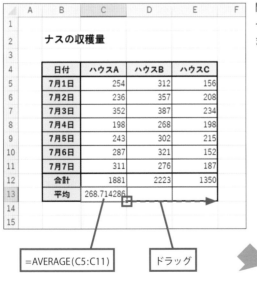

関数が入力されているセルを選択し、セルの右下にある□をドラッグします。

=AVERAGE(C5:C11)

ドラッグ

引数のセル範囲（またはセル参照）が自動修正されながら、関数がコピーされていきます。

=AVERAGE(D5:D11)

=AVERAGE(E5:E11)

17.4 ヘルプを使った関数の検索

　これまでに紹介した関数のほかにも、Excelには数多くの関数が用意されています。記述方法がわからない関数は、ヘルプを使って検索します。このとき、「関数　○○」といった形でキーワードを入力すると、スムーズに関数を検索できます。たとえば「割り算の余りを求める関数」を調べるときは、以下のように操作します。

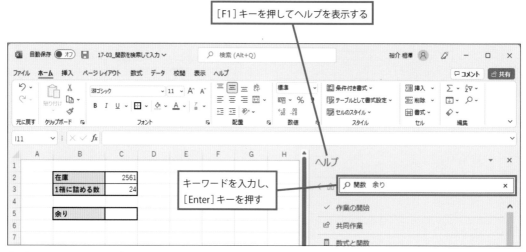

[F1] キーを押してヘルプを表示します。続いて、「関数　余り」などのキーワードを入力し、[Enter] キーを押します。

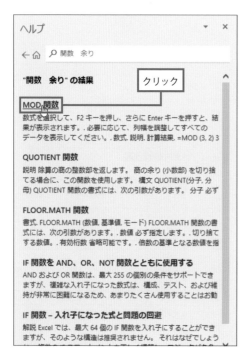

検索結果が一覧表示されるので、この中から最適な関数をクリックします。

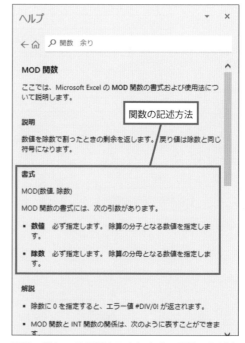

関数の詳しい情報が表示されます。関数の記述方法は「書式」の部分に記されています。

関数の記述方法を理解できたら、その書式に従って関数を入力します。先ほど検索した関数MODの場合、以下のように入力すると「割り算の余り」を求めることができます。

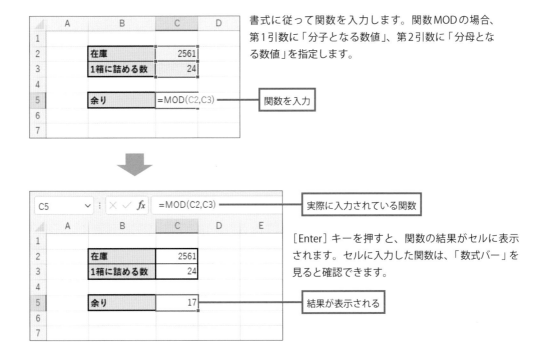

書式に従って関数を入力します。関数MODの場合、第1引数に「分子となる数値」、第2引数に「分母となる数値」を指定します。

関数を入力

実際に入力されている関数

[Enter] キーを押すと、関数の結果がセルに表示されます。セルに入力した関数は、「数式バー」を見ると確認できます。

結果が表示される

演　習

（1）ステップ16の演習（2）で保存したファイルを開き、C12 〜 C13の関数をD12 〜 E13にオートフィルでコピーしてみましょう。

（2）C5 〜 E13のセル範囲に「数値」の表示形式を指定してみましょう。また、「平均」（C13 〜 E13）の小数点以下の表示桁数を2桁に変更してみましょう。
　　《作業後、ファイルを上書き保存しておきます》

（3）以下のように表を作成し、C5セルに「最小公倍数を求める関数」を入力してみましょう。
　　※「関数　最小公倍数」のキーワードで関数を検索します。
　　※B3 〜 E3に入力されている数値の最小公倍数を求めます。

	A	B	C	D	E	F
1						
2		最小公倍数を関数で求める				
3		24	75	21	105	
4						
5		解答				
6						
7						

関数で最小公倍数を求める

Step 18 関数の入力（3）

Excelには、条件に応じて処理を変化させる関数も用意されています。少し特殊な関数となりますが、便利に活用できる場面もあるので使い方を覚えておいてください。

18.1 関数IFの概要

関数IFは計算を行う関数ではなく、条件に応じて処理を変化させる関数となります。たとえば、E9セルの数値が10,000以下の場合は「予算内」と表示し、そうでない場合は「予算オーバー」と表示する。このような分岐処理を行う場合に活用できるのが関数IFです。

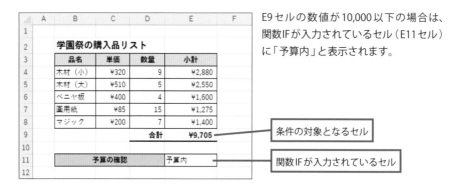

E9セルの数値が10,000以下の場合は、関数IFが入力されているセル（E11セル）に「予算内」と表示されます。

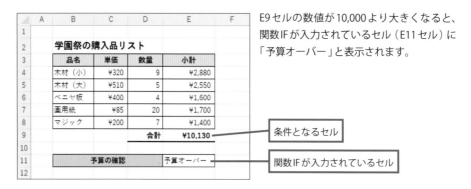

E9セルの数値が10,000より大きくなると、関数IFが入力されているセル（E11セル）に「予算オーバー」と表示されます。

18.2 条件（論理式）の記述方法

関数IFを利用するには、処理を分岐させるための「条件」を指定しなければなりません。この条件は比較演算子を使って次ページのように記述します。なお、条件に文字を指定するときは、その文字の前後を「"」（ダブルクォーテーション）で囲む必要があります。

74

比較演算子	比較方法	記述例	指定した条件
=	等しい	C5＝10	C5セルの数値が10の場合
		C5＝"会員"	C5セルの文字が「会員」の場合
>	より大きい	C5＞10	C5セルの数値が10より大きい場合
<	より小さい	C5＜10	C5セルの数値が10より小さい場合
>=	以上	C5＞=10	C5セルの数値が10以上の場合
<=	以下	C5＜=10	C5セルの数値が10以下の場合
<>	等しくない	C5＜＞10	C5セルの数値が10以外の場合
		C5＜＞"会員"	C5セルの文字が「会員」以外の場合

18.3 条件に応じて異なる文字を表示

それでは、関数IFの使い方を解説していきましょう。関数IFでは、論理式、真の場合、偽の場合という3つの引数を指定します。論理式には、比較演算子を使って「条件」を記述します。続いて、「条件に合うときの処理」（真の場合）、「条件に合わないときの処理」（偽の場合）を順番に「,」（カンマ）で区切って記述します。

ここでは、fx（関数の挿入）を使って、関数IFを入力する方法を紹介します。

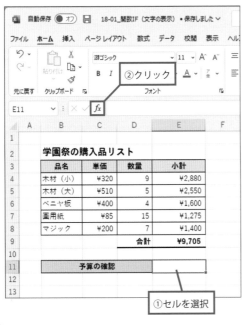
①セルを選択

関数を入力するセルを選択し、fx（関数の挿入）をクリックします。

 ワンポイント

関数の直接入力
「関数の挿入」を使わずに、セルに関数を直接入力しても構いません。この場合は、「=IF(論理式, 真の場合, 偽の場合)」という形で関数を記述します。

関数の検索画面が表示されます。「IF」のキーワードで関数を検索し、関数IFを選択して［OK］ボタンをクリックします。

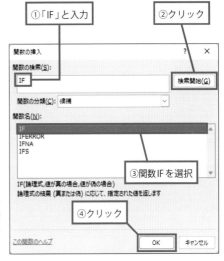

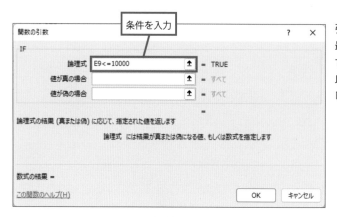

引数を指定する画面が表示されます。最初に、「論理式」に条件を入力します。今回は「E9セルの数値が10,000以下」という条件を指定するので、「E9<=10000」と入力します。

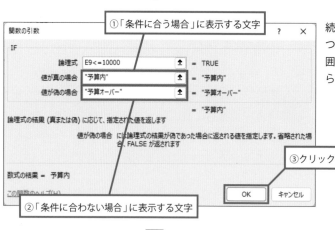

続いて、「真の場合」と「偽の場合」について、それぞれ表示する文字を「"」で囲って入力します。すべて入力できたら [OK] ボタンをクリックします。

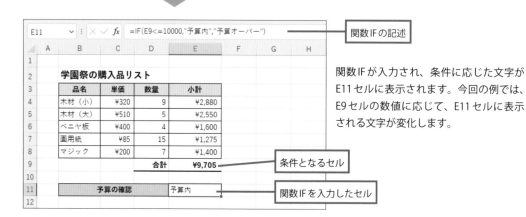

関数IFが入力され、条件に応じた文字がE11セルに表示されます。今回の例では、E9セルの数値に応じて、E11セルに表示される文字が変化します。

18.4 条件に応じて計算方法を変化させる

　条件に応じて数式を変化させる場合にも関数IFが活用できます。たとえば、C4セルの文字が「会員」の場合は単価80円、そうでない場合は単価100円で「小計」を計算するときは、次ページのように関数IFを入力します。

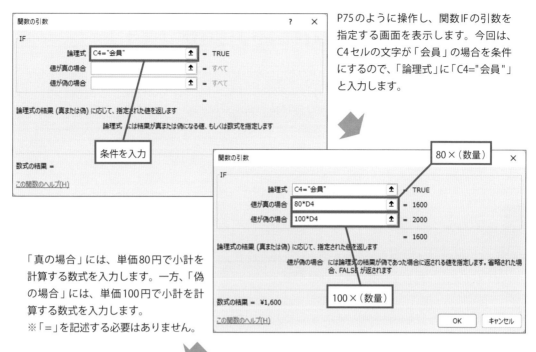

P75のように操作し、関数IFの引数を指定する画面を表示します。今回は、C4セルの文字が「会員」の場合を条件にするので、「論理式」に「C4="会員"」と入力します。

条件を入力

80×（数量）

100×（数量）

「真の場合」には、単価80円で小計を計算する数式を入力します。一方、「偽の場合」には、単価100円で小計を計算する数式を入力します。
※「=」を記述する必要はありません。

関数IFの入力が完了し、条件に応じた計算結果が表示されます。この関数IFをオートフィルを使ってコピーすることも可能です。

	A	B	C	D	E	F
1						
2		注文一覧				
3		氏名	区分	数量	小計	
4		鈴木	会員	20	¥1,600	
5		田中	一般	10	¥1,000	
6		杉原	会員	40	¥3,200	
7		山本	一般	50	¥5,000	
8						

関数IFを入力したセル

オートフィルで関数IFをコピー

演習

（1）以下のように表を作成し、E3セルに「割引後の料金」を計算する関数IFを入力してみましょう。
※「学生」の場合は、「通常料金」を30% OFFした価格を「割引後の料金」にします。
※「学生」でない場合は、「通常料金」を10% OFFした価格を「割引後の料金」にします。
※あらかじめ、D3～E7のセル範囲に「通貨」の表示形式を指定しておきます。

	A	B	C	D	E	F	G
1							
2		No.	区分	通常料金	割引後の料金		
3		1	一般	¥1,500			
4		2	学生	¥2,800			
5		3	学生	¥1,500			
6		4	一般	¥3,200			
7		5	一般	¥2,000			
8							

（2）オートフィルを使って関数IFをE4～E7にコピーしてみましょう。
（3）C7セルのデータを「学生」に変更してみましょう。

グラフの作成と編集（1）

Excelには、入力したデータをもとにグラフを作成する機能が用意されています。このステップでは、Excelでグラフを作成するときの操作手順を学習します。

19.1 グラフの作成

ワークシートに作成した表をもとに「棒グラフ」や「折れ線グラフ」、「円グラフ」などを作成することも可能です。グラフを作成するときは、以下のように操作します。

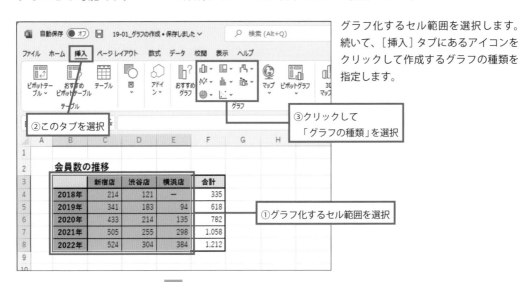

グラフ化するセル範囲を選択します。続いて、［挿入］タブにあるアイコンをクリックして作成するグラフの種類を指定します。

②このタブを選択

③クリックして「グラフの種類」を選択

①グラフ化するセル範囲を選択

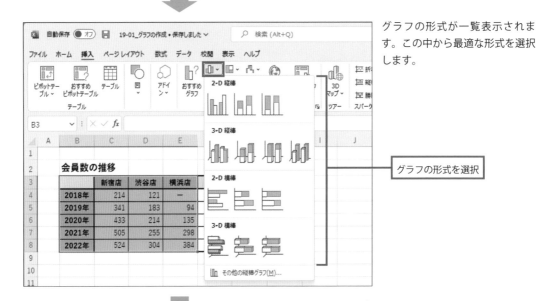

グラフの形式が一覧表示されます。この中から最適な形式を選択します。

グラフの形式を選択

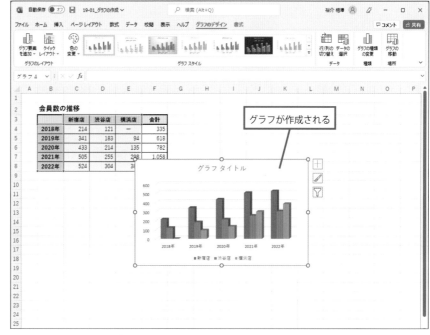

指定した種類、形式でグラフが作成されます。

19.2 グラフの移動とサイズ変更

作成したグラフは、その位置とサイズを自由に変更できます。グラフの位置を移動するときは、グラフを囲む枠線をドラッグします。また、グラフの四隅にあるハンドルをドラッグすると、グラフのサイズを拡大/縮小できます。

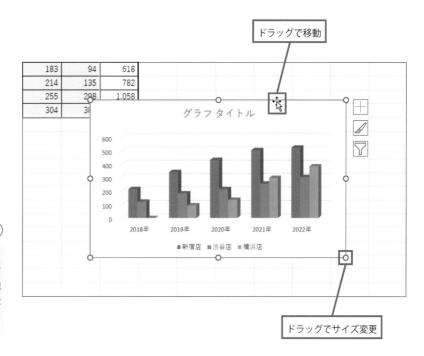

19.3 グラフの種類の変更

グラフの種類や形式をあとから変更することも可能です。この場合は、[グラフのデザイン]タブを選択し、「グラフの種類の変更」をクリックします。

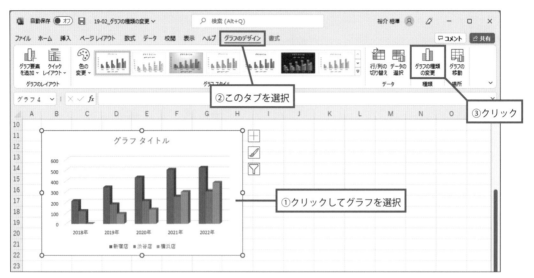

グラフをクリックして選択します。続いて、[グラフのデザイン]タブを選択し、「グラフの種類の変更」をクリックします。

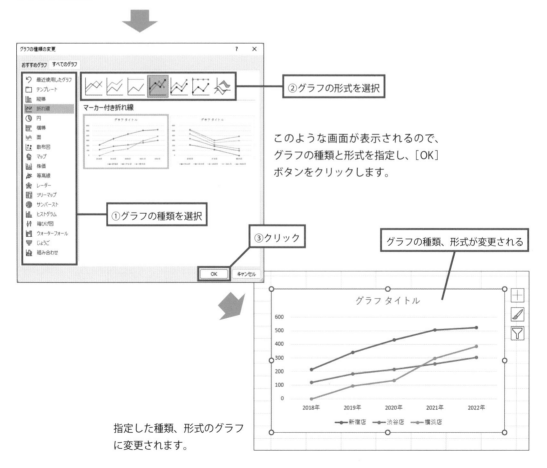

このような画面が表示されるので、グラフの種類と形式を指定し、[OK]ボタンをクリックします。

指定した種類、形式のグラフに変更されます。

19.4 行と列の関係の入れ替え

「行」と「列」の関係を入れ替えたグラフを作成することも可能です。この場合は、P78 ～ 79 に示した手順でグラフを作成したあと、以下のように操作します。

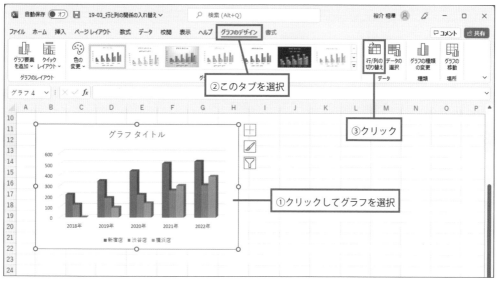

グラフをクリックして選択し、［グラフのデザイン］タブにある「行／列の切り替え」をクリックします。

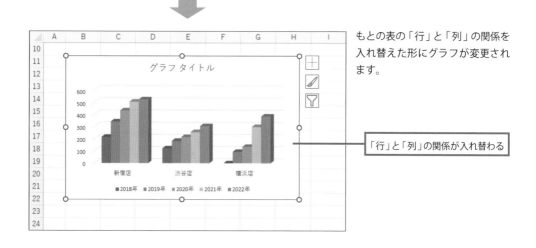

もとの表の「行」と「列」の関係を入れ替えた形にグラフが変更されます。

「行」と「列」の関係が入れ替わる

演 習

（1）answer19-00.xlsxのファイルをダウンロードし、B3 ～ E8のセル範囲をもとに「3-D 積み上げ横棒」のグラフを作成してみましょう。

　※ https://cutt.jp/books/978-4-87783-856-0/ からダウンロードできます。

（2）演習（1）で作成したグラフの種類、形式を「3-D 集合縦棒」に変更してみましょう。

（3）グラフの位置とサイズを調整し、表の下にグラフを配置してみましょう。

　《作業後、ファイルを上書き保存しておきます》

グラフの作成と編集 (2)

グラフを作成したあとに、グラフ内に表示する要素を変更したり、デザインを変更したりすることも可能です。続いては、グラフをカスタマイズする方法を学習します。

20.1　グラフ要素の表示・非表示

グラフをクリックして選択すると、右側に3つのアイコンが表示されます。これらのうち、一番上にある ⊞ (**グラフ要素**) は、グラフ内に表示する要素を変更するときに利用します。

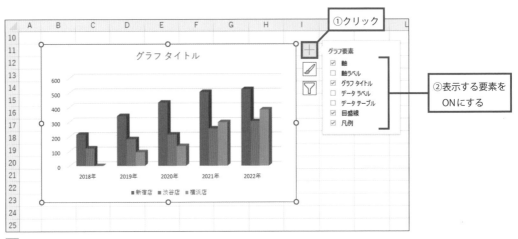

⊞ (グラフ要素) をクリックすると、グラフ内に表示する要素を指定できます。

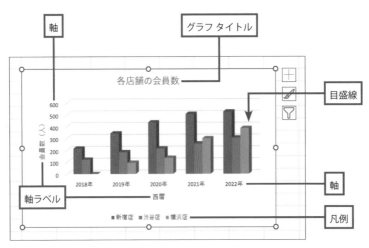

各要素の名称

グラフ タイトルと**軸ラベル**の文字は、グラフの内容に合わせて好きな文字に変更できます。

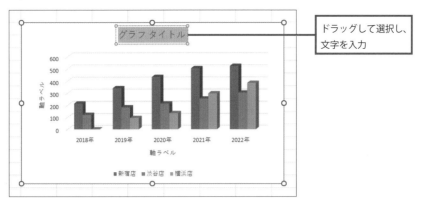

「グラフ タイトル」の入力

　　データラベルやデータテーブルのチェックボックスをONにすると、各データの数値が以下の図のように表示されます。

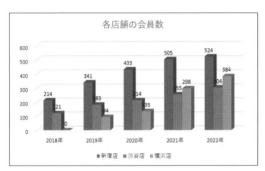

「データラベル」を表示した場合

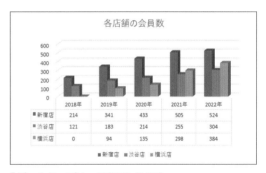

「データテーブル」を表示した場合

20.2　グラフ要素のサブメニュー

　　⊞（グラフ要素）を開き、各項目の右側にマウスを移動すると、▶のアイコンが表示されます。このアイコンをクリックすると、「縦軸だけに要素を表示する」、「要素の位置を指定する」などの詳細な指定が行えるようになります。

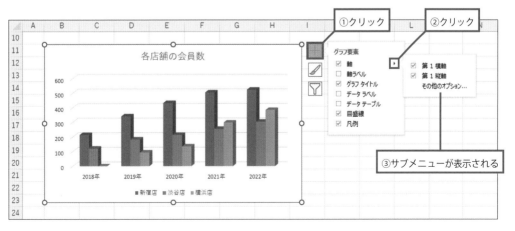

たとえば、縦軸だけに軸ラベルを表示したり、凡例を右に配置したりするときは、以下のように操作します。

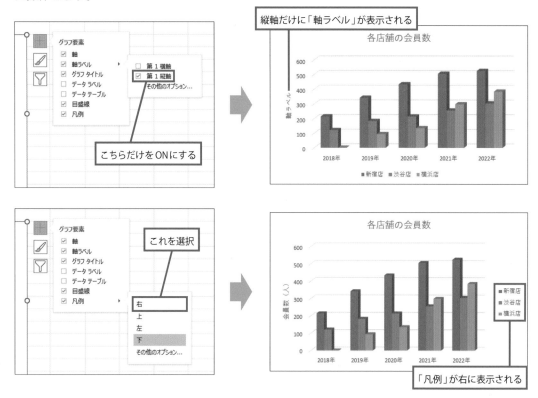

20.3　グラフ スタイルの変更

グラフ全体のデザインを変更したいときは、 ✐ （グラフ スタイル）をクリックし、一覧から好きなスタイルを選択します。

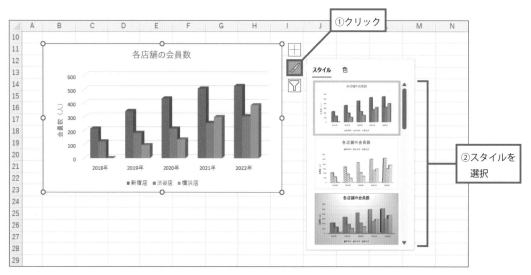

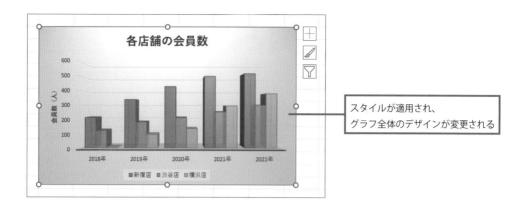

スタイルが適用され、
グラフ全体のデザインが変更される

20.4 グラフ フィルターの活用

▽（グラフ フィルター）は、一部のデータだけをグラフ化するときに利用します。このアイコンをクリックし、除外する項目をOFFにすると、そのデータを除いたグラフに変更できます。

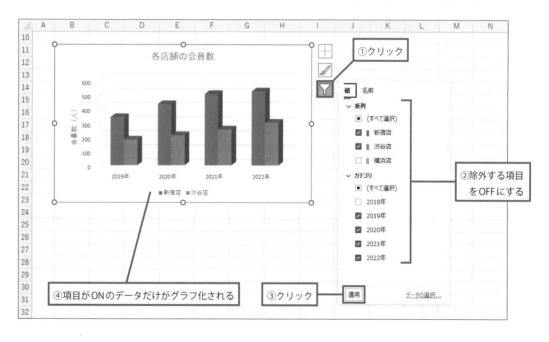

①クリック

②除外する項目
をOFFにする

④項目がONのデータだけがグラフ化される

③クリック

演 習

（1）ステップ19の演習（3）で保存したファイルを開き、グラフ タイトルの文字を「各店舗の会員数」に変更してみましょう。

（2）縦軸だけに軸ラベルを表示し、その文字を「会員数（人）」に変更してみましょう。

（3）凡例の位置を右に変更してみましょう。

（4）グラフ スタイルを使って、グラフ全体のデザインを「スタイル9」に変更してみましょう。
《作業後、ファイルを上書き保存しておきます》

Step 21 グラフの作成と編集（3）

続いては、グラフの色を変更したり、各要素の書式を詳細に指定したりする方法を学習します。グラフを自由に加工できるように、カスタマイズ方法を覚えておいてください。

21.1 グラフの色の変更

グラフ全体の色を変更するときは、［グラフのデザイン］タブにある「色の変更」を使用します。この一覧から好きな「色の組み合わせ」を選択すると、グラフ全体の色を手軽に変更できます。

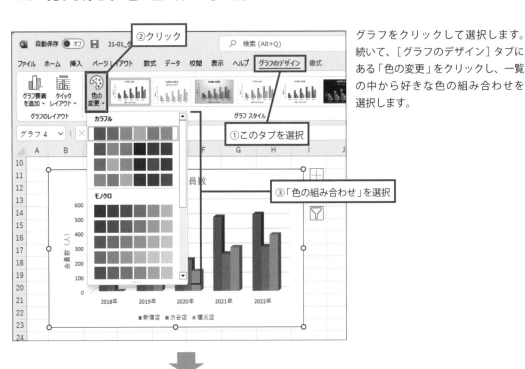

グラフをクリックして選択します。続いて、［グラフのデザイン］タブにある「色の変更」をクリックし、一覧の中から好きな色の組み合わせを選択します。

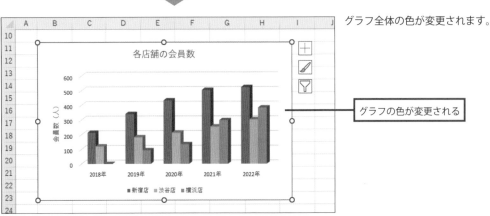

グラフ全体の色が変更されます。

21.2　系列の色の変更

　それぞれの**系列の色**を個別に指定することも可能です。この場合は、右クリックメニューの「<u>塗</u><u>りつぶし</u>」を使って色を指定します。

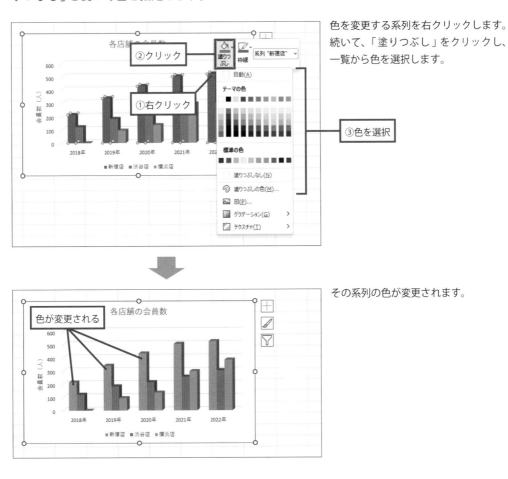

色を変更する系列を右クリックします。
続いて、「塗りつぶし」をクリックし、
一覧から色を選択します。

その系列の色が変更されます。

　なお、「折れ線グラフ」のように**線の書式**を変更するときは、「**枠線**」をクリックし、線の色、太さ、種類を指定します。

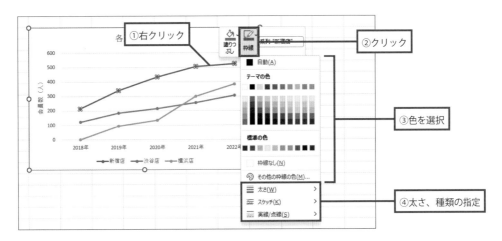

21.3 書式設定画面の表示

グラフ内にある各要素を右クリックして「○○の書式設定」を選択すると、その要素の書式を詳細に指定できる設定画面を表示できます。

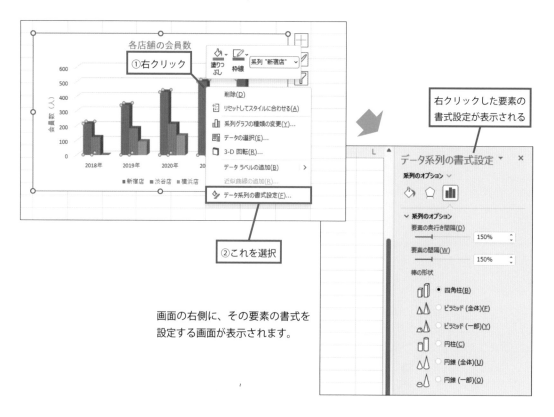

右クリックした要素の書式設定が表示される

画面の右側に、その要素の書式を設定する画面が表示されます。

たとえば、縦軸（数値軸）を右クリックして「軸の書式設定」を選択すると、以下の図のような設定画面が表示されます。ここでは、軸の最大値／最小値、目盛線の間隔などを指定できます。

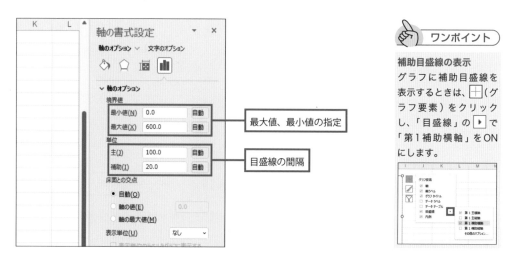

ワンポイント

補助目盛線の表示
グラフに補助目盛線を表示するときは、⊞（グラフ要素）をクリックし、「目盛線」の▶で「第1補助横軸」をONにします。

ほかにも、各要素の書式設定には、さまざまな設定項目が用意されています。気になる方は、実際に操作しながら各自で研究してみてください。

21.4 グラフ内の文字の書式

グラフ タイトルや軸ラベル、凡例に表示されている文字の書式を変更することも可能です。これらの書式は［ホーム］タブのリボンを使って指定します。

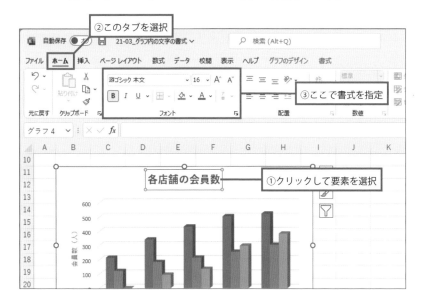

「グラフ タイトル」や「軸ラベル」の文字は、文字単位で書式を指定できます。この場合は、マウスをドラッグして「対象にする文字」を選択してから［ホーム］タブで書式を指定します。

演習

(1) ステップ20の演習（4）で保存したファイルを開き、「色の変更」を使ってグラフ全体の色を「モノクロ パレット6」（緑系の配色）に変更してみましょう。
(2)「横浜店」の系列の色を「赤」に変更してみましょう。
(3)「軸の書式設定」を使って補助目盛の間隔を「25」に変更してみましょう。その後、グラフに補助目盛線を表示してみましょう。
(4) 目盛線の色を「黄」に変更してみましょう。
　《作業後、ファイルを上書き保存しておきます》

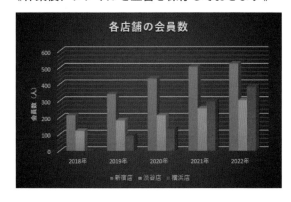

Step 22 データのダウンロードとCSVの活用

インターネットに公開されているデータをもとにグラフを作成したり、データを分析したりする場合もあります。続いては、ダウンロードしたCSVファイルをExcelで編集するときの注意点などを紹介します。

22.1 CSVファイルをExcelで利用する

調査結果などのデータをWebサイトから入手したときに、CSV形式のファイルがダウンロードされる場合もあります。ExcelはCSV形式のファイルにも対応しており、データの閲覧・編集を行うことが可能です。

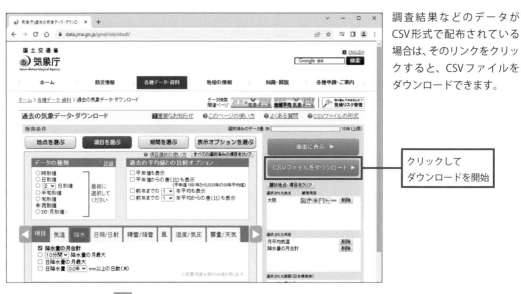

調査結果などのデータがCSV形式で配布されている場合は、そのリンクをクリックすると、CSVファイルをダウンロードできます。

クリックして
ダウンロードを開始

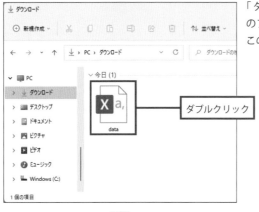

ダブルクリック

「ダウンロード」フォルダーを開くと、CSV形式のファイルが保存されているのを確認できます。このファイルをダブルクリックすると……、

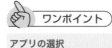

ワンポイント

アプリの選択
右のような画面が表示された場合は、「Excel」を選択して[OK]ボタンをクリックします。

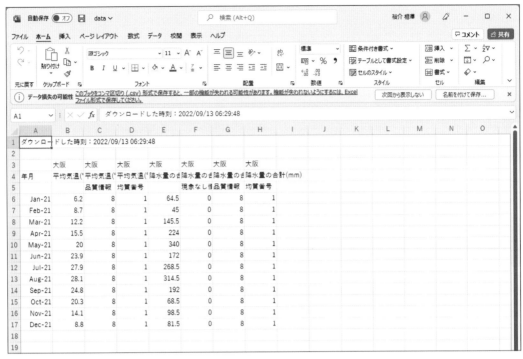

Excelが起動し、データが入力されたワークシートが表示されます。

22.2 CSVファイルの編集

CSVファイルに保存されているデータも、これまでに解説してきた手順で自由に編集できます。以下を参考に、見やすい形に表を整えておくとよいでしょう。

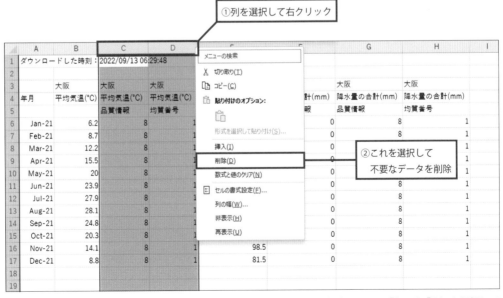

ダウンロードしたCSVファイルに「必要のないデータ」が含まれていた場合は、その「行」や「列」を選択して右クリックメニューから削除します。

	A	B	C
1	大阪の平均気温と降水量		
2			
3	年月	平均気温(℃)	降水量の合計(mm)
4	2021年1月	6.2	64.5
5	2021年2月	8.7	45.0
6	2021年3月	12.2	145.5
7	2021年4月	15.5	224.0
8	2021年5月	20.0	340.0
9	2021年6月	23.9	172.0
10	2021年7月	27.9	268.5
11	2021年8月	28.1	314.5
12	2021年9月	24.8	192.0
13	2021年10月	20.3	68.5
14	2021年11月	14.1	98.5
15	2021年12月	8.8	81.5

行を挿入し、表のタイトルを入力

「数値」の表示形式を指定

「日付」の表示形式を指定

文字の書式を指定し、セルの背景色や罫線を指定すると、見やすい表に仕上げられます。

22.3 データをExcel形式で保存する

CSVはデータだけを保存するファイル形式になるため、そのまま「上書き保存」すると、文字の書式、背景色、罫線などが失われてしまいます。書式を含めて保存するには、以下のように操作してExcel形式のファイルとして保存しておく必要があります。

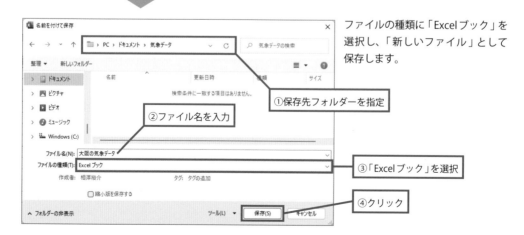

画面の上部にある［名前を付けて保存］ボタンをクリックします。

※ボタンが表示されていない場合は、［ファイル］タブを選択し、「名前を付けて保存」を選択します。

ファイルの種類に「Excelブック」を選択し、「新しいファイル」として保存します。

①保存先フォルダーを指定

②ファイル名を入力

③「Excelブック」を選択

④クリック

（1）answer22-00.csvのファイルをダウンロードし、以下のように表の見た目を整えて、Excel形式
のファイルとして保存してみましょう。
　※ https://cutt.jp/books/978-4-87783-856-0/ からダウンロードできます。

	男子	女子
6歳	11.4	11.8
7歳	10.6	10.9
8歳	10.0	10.4
9歳	9.6	9.9
10歳	9.2	9.5
11歳	8.8	9.1
12歳	8.4	8.9
13歳	7.8	8.7
14歳	7.4	8.6
15歳	7.5	8.9
16歳	7.2	8.8
17歳	7.2	8.8
18歳	7.3	9.1
19歳	7.4	9.1

太字、中央揃え

「数値」の表示形式
（小数点以下1桁まで表示）

太字、中央揃え

（2）A1 〜 C15のセル範囲をもとに「マーカー付き折れ線」のグラフを作成してみましょう。
（3）演習（2）で作成したグラフを以下のようにカスタマイズしてみましょう。

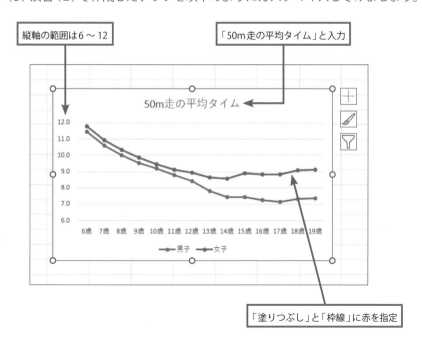

縦軸の範囲は6 〜 12

「50m走の平均タイム」と入力

「塗りつぶし」と「枠線」に赤を指定

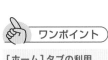

Step 23 データの並べ替え

Excelには、データを「数値順」や「50音順」に並べ替える機能が用意されています。この機能は、表を整理したり、データを分析したりする場合などに活用できます。

23.1 データを数値順に並べ替える

表内のデータを並べ替えるときは、[データ] タブにある 🔼（昇順）または 🔽（降順）をクリックします。各アイコンをクリックしたときの並び順は、それぞれ以下のようになります。

🔼（昇順）………… 数値の小さい順に並べ替え
🔽（降順）………… 数値の大きい順に並べ替え

たとえば、下図に示した表を「面積」の大きい順に並べ替えるときは、以下のように操作します。

ワンポイント

[ホーム]タブの利用
「昇順」と「降順」は、[ホーム] タブの「並べ替えとフィルター」にも用意されています。こちらをクリックして、並べ替えを実行しても構いません。

②このタブを選択

③クリック

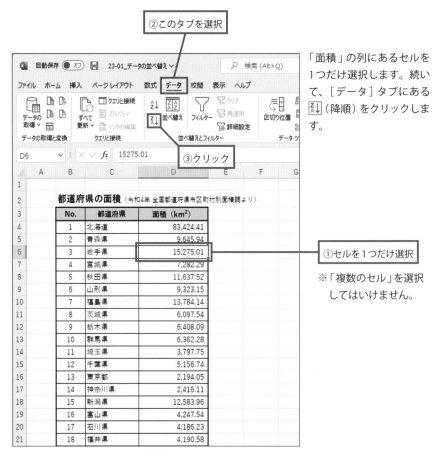

「面積」の列にあるセルを1つだけ選択します。続いて、[データ] タブにある 🔽（降順）をクリックします。

①セルを1つだけ選択

※「複数のセル」を選択してはいけません。

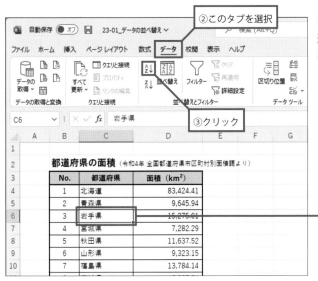

ワンポイント

整理番号の活用
「No.」（B列）を基準に
並べ替えると、データを
「元の並び順」に戻すこ
とができます。データを
特定の順番に戻したいと
きは、この例のように整
理番号の列を用意してお
くと便利です。

「面積」の大きい順に
データが並べ替えら
れます。

No.	都道府県	面積（km²）
1	北海道	83,424.41
3	岩手県	15,275.01
7	福島県	13,784.14
20	長野県	13,561.56
15	新潟県	12,583.96
5	秋田県	11,637.52
21	岐阜県	10,621.29
2	青森県	9,645.94
6	山形県	9,323.15
46	鹿児島県	9,186.32
34	広島県	8,479.22
28	兵庫県	8,400.94
22	静岡県	7,777.02
45	宮崎県	7,734.24
43	熊本県	7,409.12
4	宮城県	7,282.29

都道府県の面積（令和4年 全国都道府県市区町村別面積調より）

この列を基準にデータが並べ替えられる

23.2 データを50音順に並べ替える

データをABC順や50音順に並べ替えることも可能です。この場合も、$\overset{A}{\underset{Z}{\downarrow}}$（昇順）または
$\overset{Z}{\underset{A}{\downarrow}}$（降順）をクリックして並べ替えを実行します。各アイコンをクリックしたときの並び順は、
それぞれ以下のようになります。

$\overset{A}{\underset{Z}{\downarrow}}$（昇順）………… 記号 →（A→Z）→（あ→ん）
$\overset{Z}{\underset{A}{\downarrow}}$（降順）…………（ん→あ）→（Z→A）→ 記号

たとえば、先ほどの表を「都道府県」の50音順に並べ替えるときは、以下のように操作します。

②このタブを選択

③クリック

「都道府県」の列にあるセルを1つだけ
選択します。続いて、［データ］タブに
ある $\overset{A}{\underset{Z}{\downarrow}}$（昇順）をクリックします。

①セルを1つだけ選択

※「複数のセル」を選択
してはいけません。

Step 23 データの並べ替え **95**

ワンポイント

漢字の並べ替え
漢字を50音順に並べ替えるには、正しい「読み」で漢字変換しておく必要があります（詳しくはステップ24で解説）。

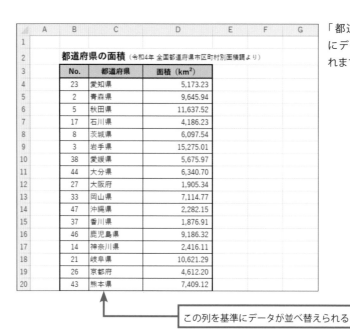

都道府県の面積 (令和4年 全国都道府県市区町村別面積調より)

No.	都道府県	面積（km²）
23	愛知県	5,173.23
2	青森県	9,645.94
5	秋田県	11,637.52
17	石川県	4,186.23
8	茨城県	6,097.54
3	岩手県	15,275.01
38	愛媛県	5,675.97
44	大分県	6,340.70
27	大阪府	1,905.34
33	岡山県	7,114.77
47	沖縄県	2,282.15
37	香川県	1,876.91
46	鹿児島県	9,186.32
14	神奈川県	2,416.11
21	岐阜県	10,621.29
26	京都府	4,612.20
43	熊本県	7,409.12

「都道府県」の50音順にデータが並べ替えられます。

この列を基準にデータが並べ替えられる

23.3 複数の条件を指定した並べ替え

［データ］タブにある「並べ替え」をクリックすると、複数の条件を指定してデータを並べ替えることができます。たとえば、（1）「学年」の大きい順、（2）「名前」の50音順、という条件を指定するときは、以下のように操作します。

②このタブを選択

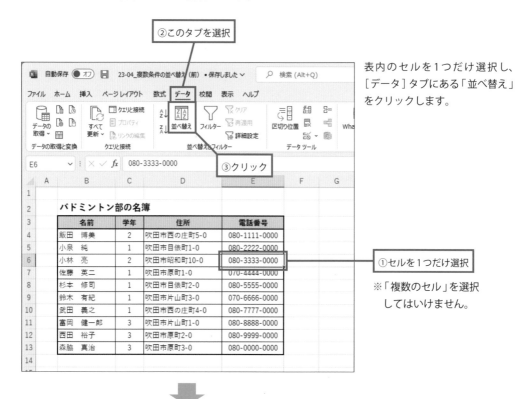

③クリック

バドミントン部の名簿

	名前	学年	住所	電話番号
	飯田 博美	2	吹田市西の庄町5-0	080-1111-0000
	小泉 純	1	吹田市目俵町1-0	080-2222-0000
	小林 亮	2	吹田市昭和町10-0	080-3333-0000
	佐藤 英二	1	吹田市原町1-0	070-4444-0000
	杉本 修司	1	吹田市目俵町2-0	080-5555-0000
	鈴木 有紀	1	吹田市片山町3-0	070-6666-0000
	武田 義之	1	吹田市西の庄町4-0	080-7777-0000
	富岡 健一郎	3	吹田市片山町1-0	080-8888-0000
	西田 裕子	3	吹田市原町2-0	080-9999-0000
	森脇 真治	3	吹田市原町3-0	080-0000-0000

表内のセルを1つだけ選択し、［データ］タブにある「並べ替え」をクリックします。

①セルを1つだけ選択

※「複数のセル」を選択してはいけません。

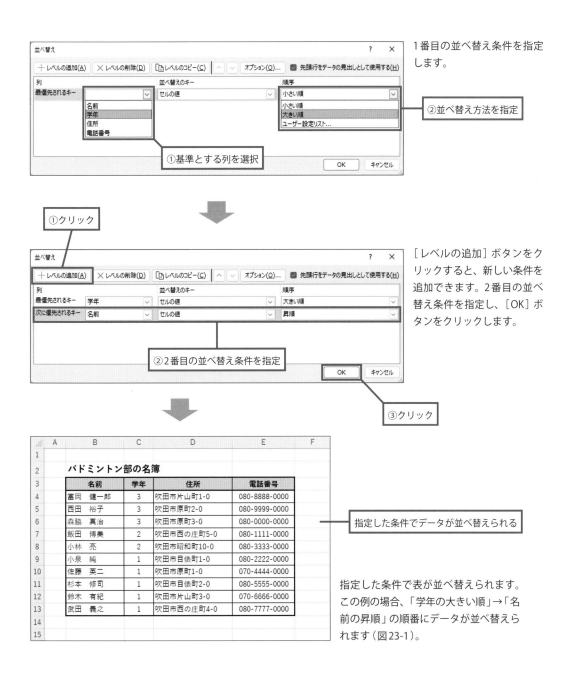

1番目の並べ替え条件を指定します。

②並べ替え方法を指定

①基準とする列を選択

①クリック

[レベルの追加] ボタンをクリックすると、新しい条件を追加できます。2番目の並べ替え条件を指定し、[OK] ボタンをクリックします。

②2番目の並べ替え条件を指定

③クリック

指定した条件でデータが並べ替えられる

指定した条件で表が並べ替えられます。この例の場合、「学年の大きい順」→「名前の昇順」の順番にデータが並べ替えられます（図23-1）。

演習

（1）answer23-00a.xlsx のファイルをダウンロードし、「**面積**」の小さい順にデータを並べ替えてみましょう。
　　※ https://cutt.jp/books/978-4-87783-856-0/ からダウンロードできます。
（2）続いて、「**都道府県**」の50音順にデータを並べ替えてみましょう。
（3）データを元の並び順（北海道～沖縄県）に戻してみましょう。
（4）answer23-00b.xlsx のファイルをダウンロードし、図23-1のように並べ替えてみましょう。
　　※ https://cutt.jp/books/978-4-87783-856-0/ からダウンロードできます。

Step

24

ふりがなの表示と編集

漢字を正しい50音順に並べ替えるには、Excelに記録されている「ふりがな」に注意する必要があります。続いては、「ふりがな」の表示と編集について学習します。

24.1 漢字の並べ替えについて

Excelは「漢字変換する前の読み」を「ふりがな」として記録する仕組みになっています。このため、読み方が複数ある漢字も正しい50音順に並べ替えられます。

たとえば、「浅草神社」（あさくさじんじゃ）と「浅草寺」（せんそうじ）は、いずれも「浅草」という漢字で始まりますが、このような場合でも正しい50音順に並べ替えられます。

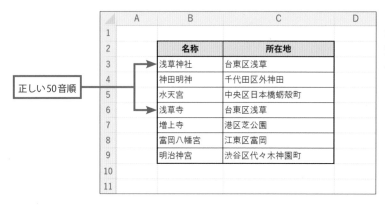

「名称」の50音順に並べ替えた例。正しい「読み」で入力した漢字は、正しく50音順に並べ替えられます。

ただし、「間違った読み」で漢字を入力した場合は、その「読み」に従って並べ替えが実行されます。たとえば、「浅草寺」（せんそうじ）を「あさくさでら」で漢字変換した場合は、以下のように間違った50音順に並べ替えられてしまいます。

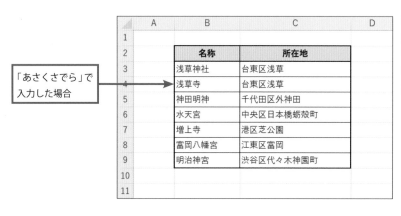

50音順の並べ替えは、Excelに記録されている「ふりがな」に従います。このため、「間違った読み」で入力すると、間違った50音順に並べ替えられます。

24.2 「ふりがな」の表示

　漢字を正しい50音順に並べ替えるには、Excelに記録されている「ふりがな」を確認しておく必要があります。セルに入力した漢字の「ふりがな」は、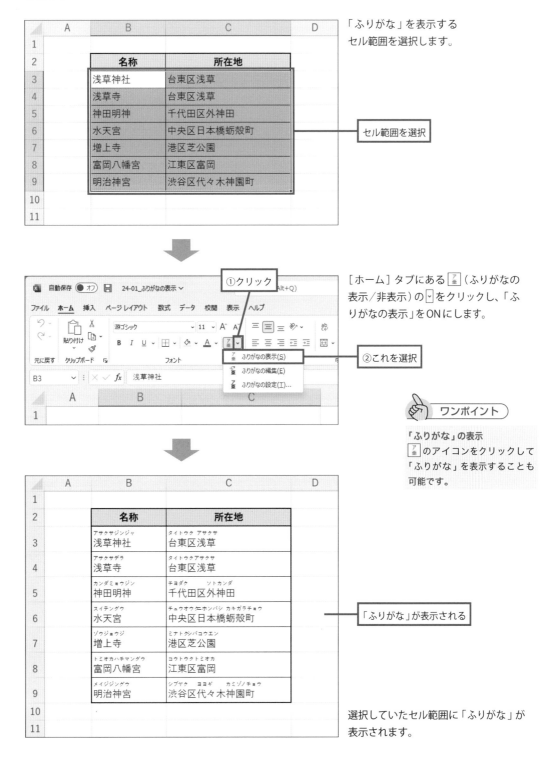（ふりがなの表示/非表示）で確認できます。

「ふりがな」を表示する
セル範囲を選択します。

セル範囲を選択

［ホーム］タブにある（ふりがなの表示/非表示）のをクリックし、「ふりがなの表示」をONにします。

①クリック

②これを選択

ワンポイント

「ふりがな」の表示
のアイコンをクリックして「ふりがな」を表示することも可能です。

「ふりがな」が表示される

選択していたセル範囲に「ふりがな」が表示されます。

24.3 「ふりがな」の編集

表示された「ふりがな」に間違いが見つかった場合は、以下のように操作して「ふりがな」を修正します。

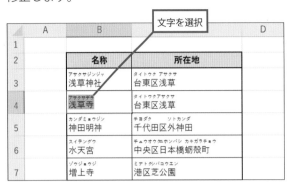

セルをダブルクリックし、セル内にカーソルを表示します。続いて、「ふりがな」を修正する文字を選択します。

ワンポイント

表示倍率の拡大
「ふりがな」の文字は小さいため、画面の表示倍率を拡大しておくと、スムーズに作業を進められます（P16参照）。

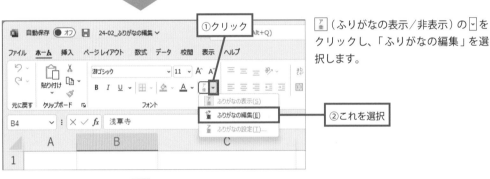

[ア金]（ふりがなの表示／非表示）の[v]をクリックし、「ふりがなの編集」を選択します。

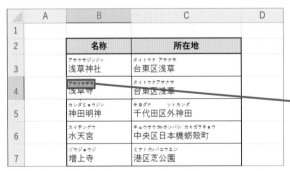

「ふりがな」の部分にカーソルが移動するので、[Shift]＋[→] キーを押して「ふりがな」の文字を選択します。

> [Shift]＋[→] キーで「ふりがな」を選択

正しい「ふりがな」を全角カタカナで入力し、[Enter] キーを押します。

> 正しい「ふりがな」を入力し、[Enter] キーを押す

100

24.4 「ふりがな」を非表示に戻す

「ふりがな」の修正が完了したら、以下のように操作して「ふりがな」を非表示の状態に戻します。

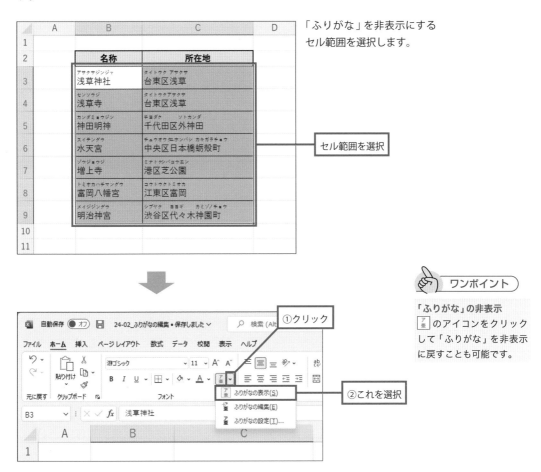

「ふりがな」を非表示にする
セル範囲を選択します。

セル範囲を選択

①クリック

②これを選択

<ワンポイント>

「ふりがな」の非表示
のアイコンをクリックして「ふりがな」を非表示に戻すことも可能です。

演習

（1）answer24-00.xlsxのファイルをダウンロードし、B3～C9のセル範囲に「ふりがな」を表示してみましょう。その後、画面の表示倍率を拡大してみましょう。
　　※https://cutt.jp/books/978-4-87783-856-0/ からダウンロードできます。
（2）「浅草寺」（B4セル）の「ふりがな」を「センソウジ」に修正してみましょう。
（3）B3～C9のセル範囲の「ふりがな」を非表示に戻してみましょう。その後、画面の表示倍率を100%に戻してみましょう。
（4）「名称」の50音順にデータを並べ替え、「浅草寺」（せんそうじ）が正しい位置に表示されることを確認してみましょう。

Step 25 フィルターの活用

Excelには、指定した条件に合うデータだけを画面に表示するフィルターという機能が用意されています。このステップでは、フィルターの使い方を学習します。

25.1 フィルターとは？

　フィルターは、表の中から「条件に合うデータ」だけを抽出してくれる機能です。たとえば、「中部地方のデータだけを表示する」、「人口密度が10位以内のデータだけを表示する」などの処理を簡単に実行できます。データを分析するときなどに活用できるので、ぜひ使い方を覚えておいてください。

25.2 フィルターの開始

　フィルターを利用するときは、以下のように操作します。すると、表の「見出し」に ▼ が表示されます。

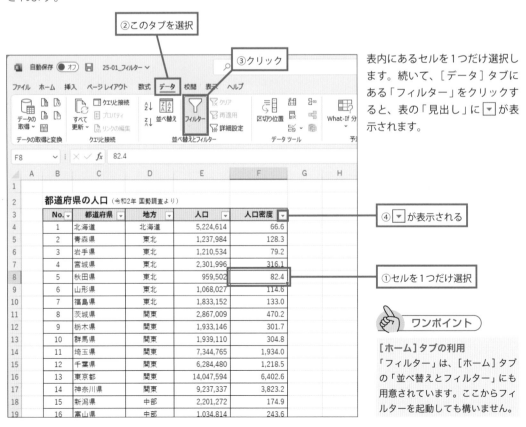

表内にあるセルを1つだけ選択します。続いて、［データ］タブにある「フィルター」をクリックすると、表の「見出し」に ▼ が表示されます。

☞ ワンポイント

［ホーム］タブの利用
「フィルター」は、［ホーム］タブの「並べ替えとフィルター」にも用意されています。ここからフィルターを起動しても構いません。

25.3 文字を条件にしたデータの抽出

それでは、フィルターの具体的な使い方を解説していきましょう。まずは、「文字」を条件にしてデータを抽出する方法です。たとえば、地方が「中国」または「四国」のデータだけを抽出するときは、以下のように操作します。

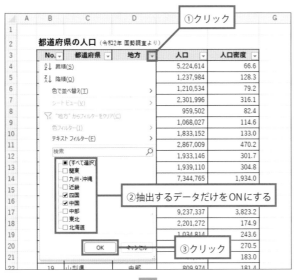

「地方」の▼をクリックすると、その列に入力されているデータが一覧表示されます。「中国」と「四国」だけをONにし、[OK] ボタンをクリックします。

ワンポイント

チェックの解除
最初は、すべての項目がONになっています。この状態で（すべて選択）をクリックすると、すべての項目をOFFにできます。

「中国」または「四国」のデータだけが画面に表示されます。

条件に合うデータだけが表示される

25.4 条件の解除

フィルターを使ってデータを抽出すると、「条件に合わないデータ」が画面に表示されなくなります。これらのデータを再び表示するときは、フィルターの条件を解除します。すると、表が元の状態に戻り、すべてのデータを表示できます。

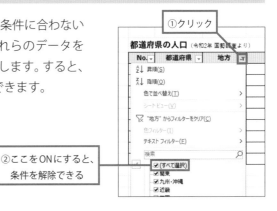

①クリック

②ここをONにすると、条件を解除できる

25.5 数値フィルター

数値の範囲を条件にデータを抽出することも可能です。この場合は、**数値フィルター**を使って条件を指定します。

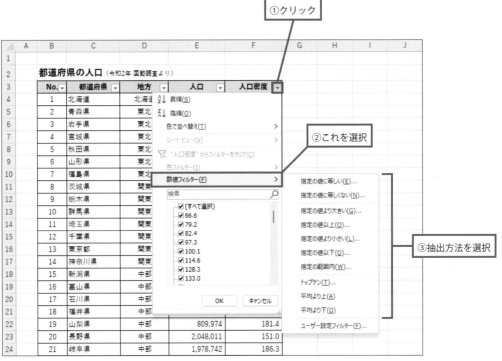

数値を条件にするときは、「数値フィルター」の中から抽出方法を選択します。

 ワンポイント

ANDとOR
条件を2つ指定することも可能です。この場合は、それぞれの条件をAND／ORで結びます。ANDを指定すると「かつ」、ORを指定すると「または」になります。

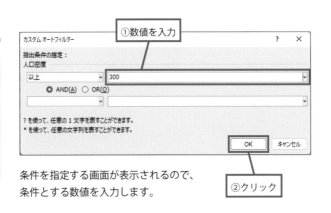

条件を指定する画面が表示されるので、条件とする数値を入力します。

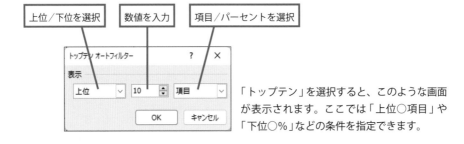

「トップテン」を選択すると、このような画面が表示されます。ここでは「上位○項目」や「下位○%」などの条件を指定できます。

この列の数値が10位以内のデータだけが表示される

「人口密度」の上位10項目（トップテン）を条件にした例。

25.6 複数の抽出条件

複数の列に条件を指定することも可能です。この場合は、すべての条件に合うデータだけが表示されます。なお、条件が指定されている列は、▼のボタンが▼に変化して表示されます。

条件が指定されている列

地方が「中部」で、人口密度が「200以上」の条件を指定した場合。

25.7 フィルターの終了

フィルターの利用を終了するときは、［データ］タブにある「フィルター」をクリックしてOFFにします。すると、▼や▼のボタンが削除され、すべての条件が解除されます（全データが表示されます）。

◆◆◆◆◆◆◆◆◆◆◆◆◆◆◆◆◆◆◆ 演習 ◆◆◆◆◆◆◆◆◆◆◆◆◆◆◆◆◆◆◆

（1）answer25-00.xlsxのファイルをダウンロードし、フィルターを使って「地方」が「九州・沖縄」のデータだけを抽出してみましょう。
　　※https://cutt.jp/books/978-4-87783-856-0/からダウンロードできます。
（2）さらに、「人口密度」が「300以上」のデータだけを抽出してみましょう。
（3）「地方」の列に指定した条件を解除してみましょう。
（4）フィルターを終了し、すべての条件を解除してみましょう。

Step 26 条件付き書式（1）

「条件付き書式」は、セルの内容に応じて「背景色」や「文字色」を自動的に変更できる機能です。この機能は、「指定した条件に合うセル」を強調して表示したい場合などに活用できます。

26.1 セルの強調表示ルール

数値が「指定した条件」の範囲内にあるセルを強調したいときは、「条件付き書式」を利用すると便利です。たとえば、「数値が0より小さいセル」を強調表示するときは、以下のように操作します。

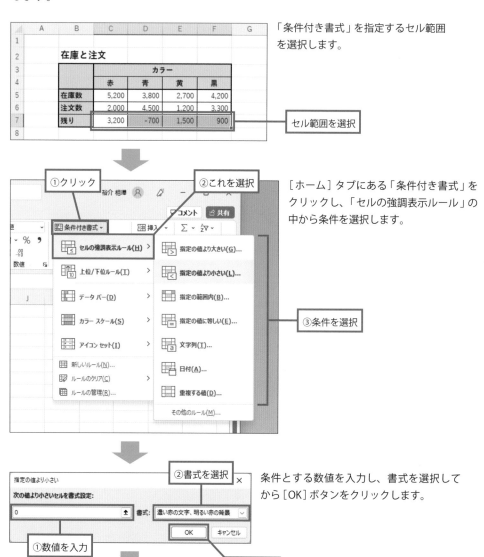

「条件付き書式」を指定するセル範囲を選択します。

［ホーム］タブにある「条件付き書式」をクリックし、「セルの強調表示ルール」の中から条件を選択します。

条件とする数値を入力し、書式を選択してから［OK］ボタンをクリックします。

106

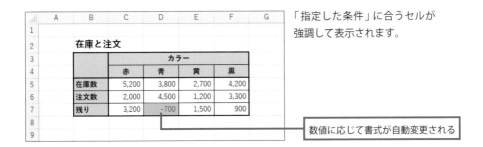

「指定した条件」に合うセルが
強調して表示されます。

数値に応じて書式が自動変更される

今回の例では、「条件付き書式」を指定したセル範囲（C7〜F7）に数式が入力されています。
この場合は「数式の計算結果」が条件の対象になります。このため、「在庫数」や「注文数」を
変更すると「残り」が再計算され、その数値に応じてセルの書式が自動的に変更されます。

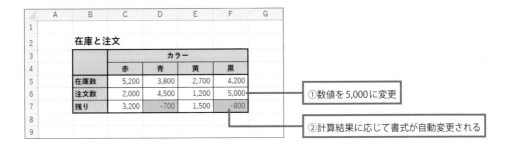

①数値を5,000に変更

②計算結果に応じて書式が自動変更される

そのほか、「セルの強調表示ルール」では、以下のような条件を指定できます。

◆文字列
「指定した文字を含むセル」を強調表示できます。

◆日付
「日付が指定した期間内にあるセル」を強調表示できます。

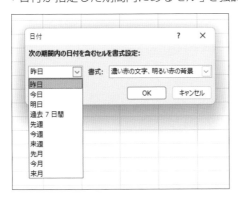

◆重複する値

選択したセル範囲内で「データが重複しているセル」を強調表示できます。なお、条件に「一意」を指定した場合は、「データが重複していないセル」が強調表示されます。

26.2　上位／下位ルール

数値の範囲ではなく、「上位○項目」や「下位○%」、「平均より上」などの条件でセルを強調表示することも可能です。この場合は、「上位／下位ルール」で条件を指定します。

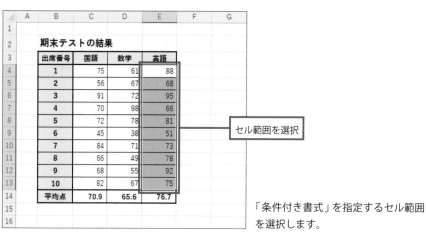

「条件付き書式」を指定するセル範囲
を選択します。

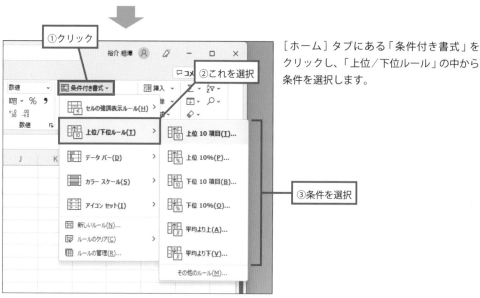

［ホーム］タブにある「条件付き書式」を
クリックし、「上位／下位ルール」の中から
条件を選択します。

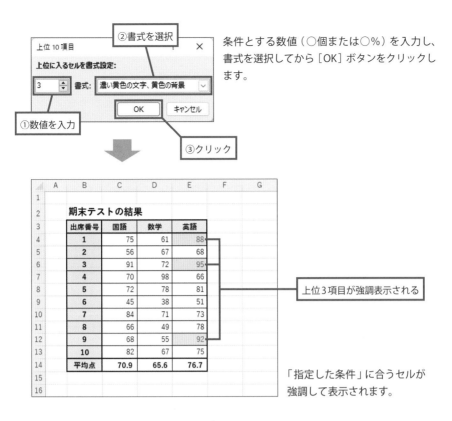

条件とする数値（○個または○%）を入力し、書式を選択してから［OK］ボタンをクリックします。

①数値を入力
②書式を選択
③クリック

上位3項目が強調表示される

「指定した条件」に合うセルが強調して表示されます。

26.3　条件付き書式の解除

　最後に、指定した「条件付き書式」を解除するときの操作手順を解説します。「条件付き書式」を解除するときは、そのセル範囲を選択した状態で「**条件付き書式**」をクリックし、「**ルールのクリア**」→「**選択したセルからルールをクリア**」を選択します。

　演　習

（1）answer26-00.xlsxのファイルをダウンロードし、**C14 〜 E14**に各教科の平均を求める関数を入力してみましょう。

　　※ https://cutt.jp/books/978-4-87783-856-0/ からダウンロードできます。

　　※平均点は、小数点以下第1位まで表示します。

（2）**C14 〜 E14**のセル範囲に「**条件付き書式**」を指定し、平均点が「**70より大きいセル**」を強調してみましょう。

　　※「濃い赤の文字、明るい赤の背景」の書式を指定します。

（3）**C11**セルの数値を「**56**」に変更すると、**C14**セルの書式が自動的に変更されることを確認してみましょう。

（4）「条件付き書式」を使用し、各教科の**上位3名のセル**を強調してみましょう。

　　※「濃い黄色の文字、黄色の背景」の書式を指定します。

　　《作業後、ファイルを上書き保存しておきます》

Step 27 条件付き書式（2）

「条件付き書式」には、数値をグラフ化したり、数値に応じて背景色を変化させたりする機能も用意されています。続いては、「データバー」や「カラースケール」の使い方を学習します。

27.1 データバーの表示

数値を視覚的にわかりやすく示したい場合は、「条件付き書式」の「データバー」を利用します。「データバー」を指定すると、各セルの数値が棒グラフで表示されます。

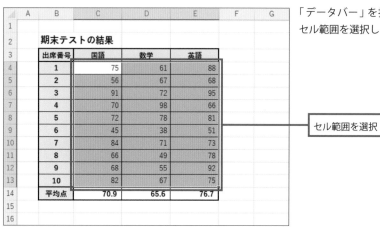

「データバー」を指定する
セル範囲を選択します。

セル範囲を選択

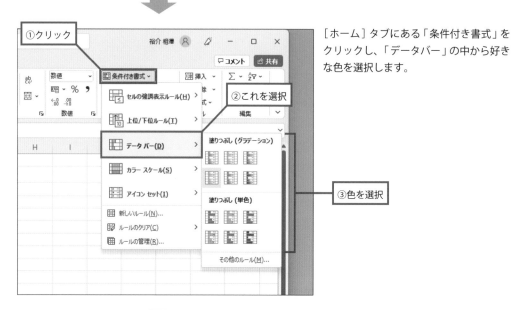

［ホーム］タブにある「条件付き書式」を
クリックし、「データバー」の中から好き
な色を選択します。

①クリック

②これを選択

③色を選択

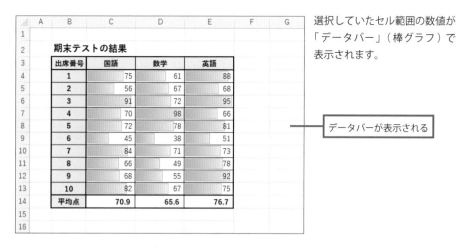

選択していたセル範囲の数値が
「データバー」（棒グラフ）で
表示されます。

データバーが表示される

　棒グラフで示される数値の範囲は、「選択していたセル範囲」の数値に応じて自動的に決定されます。上の例の場合、0 ～ 100の範囲が棒グラフで示されます。

27.2　範囲を指定してデータバーを表示

　棒グラフで示す数値の範囲を自分で指定することも可能です。この場合は、以下のように操作して「データバー」を表示します。

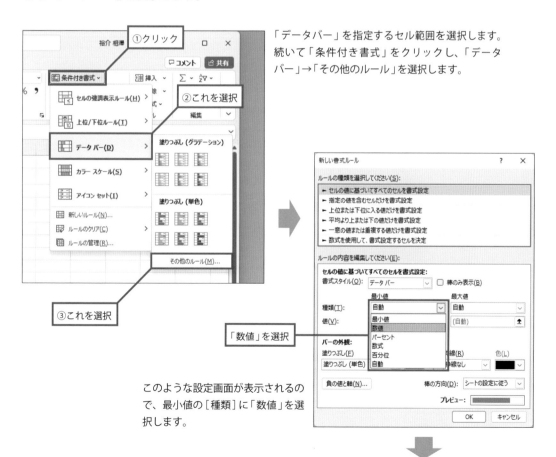

①クリック

②これを選択

③これを選択

「数値」を選択

「データバー」を指定するセル範囲を選択します。
続いて「条件付き書式」をクリックし、「データ
バー」→「その他のルール」を選択します。

このような設定画面が表示されるので、最小値の［種類］に「数値」を選択します。

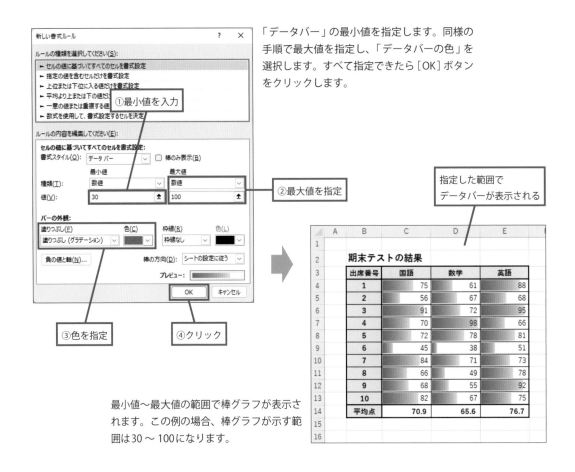

「データバー」の最小値を指定します。同様の手順で最大値を指定し、「データバーの色」を選択します。すべて指定できたら［OK］ボタンをクリックします。

①最小値を入力

②最大値を指定

③色を指定

④クリック

指定した範囲でデータバーが表示される

最小値～最大値の範囲で棒グラフが表示されます。この例の場合、棒グラフが示す範囲は30 ～ 100になります。

27.3 カラースケール

「カラースケール」は、数値の大きさを背景色で示すことができる「条件付き書式」です。この機能も、数値を視覚的にわかりやすく示したい場合に活用できます。

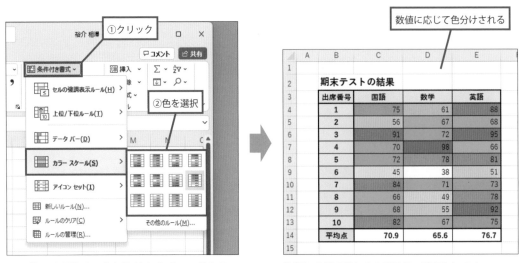

①クリック

②色を選択

数値に応じて色分けされる

セル範囲を選択し、「条件付き書式」の「カラースケール」の中から好きな色を選択します。

数値に応じて「セルの背景色」が変化します。

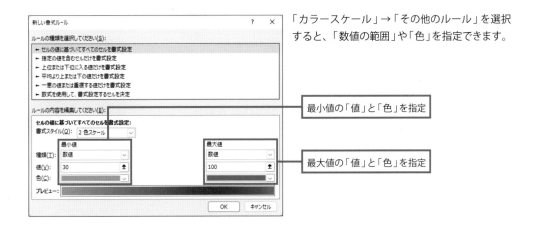

「カラースケール」→「その他のルール」を選択すると、「数値の範囲」や「色」を指定できます。

最小値の「値」と「色」を指定

最大値の「値」と「色」を指定

27.4 条件付き書式の管理

「条件付き書式」の管理画面も用意されています。すでに指定してある「条件付き書式」の設定を変更するときは、そのセル範囲を選択し、以下のように操作します。

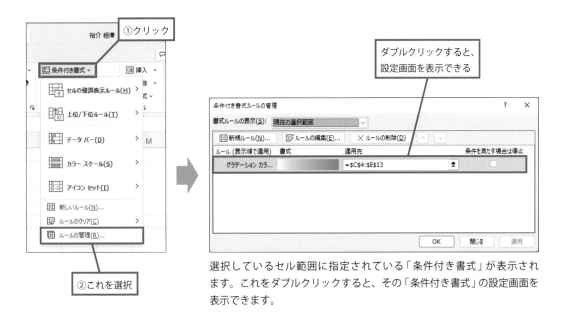

①クリック

②これを選択

ダブルクリックすると、設定画面を表示できる

選択しているセル範囲に指定されている「条件付き書式」が表示されます。これをダブルクリックすると、その「条件付き書式」の設定画面を表示できます。

演習

（1）ステップ26の演習（4）で保存したファイルを開き、C4〜E14のセル範囲に指定した「条件付き書式」を解除してみましょう。

（2）C4〜E13のセル範囲に「データバー」（オレンジのグラデーション）を指定してみましょう。

（3）「ルールの管理」を使って、棒グラフが示す範囲を20〜100に変更してみましょう。

《作業後、ファイルを上書き保存しておきます》

Step 28 クイック分析

「クイック分析」という機能を使って、条件付き書式の指定、グラフの作成、合計や平均の算出などを行うことも可能です。続いては、クイック分析の使い方を学習します。

■ 28.1 クイック分析とは？

　セル範囲を選択すると、その右下に 圄 （**クイック分析**）のアイコンが表示されます。このアイコンをクリックして、**条件付き書式**を指定したり、**グラフ**を作成したり、合計や平均などの**関数**を入力したりすることも可能です。

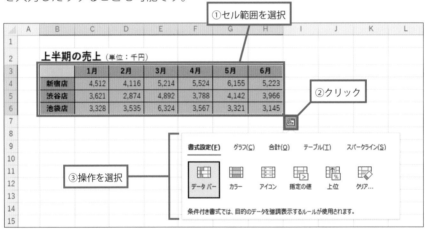

クイック分析の利用手順

■ 28.2 条件付き書式の指定

　クイック分析で「書式設定」の項目を選択すると、選択していたセル範囲にデータバーやカラースケールなどの条件付き書式を指定できます。

条件付き書式の指定

上半期の売上 （単位：千円）

	1月	2月	3月	4月	5月	6月
新宿店	4,512	4,116	5,214	5,524	6,155	5,223
渋谷店	3,621	2,874	4,892	3,788	4,142	3,966
池袋店	3,328	3,535	6,324	3,567	3,321	3,145

「データバー」を選択した場合

上半期の売上 （単位：千円）

	1月	2月	3月	4月	5月	6月
新宿店	4,512	4,116	5,214	5,524	6,155	5,223
渋谷店	3,621	2,874	4,892	3,788	4,142	3,966
池袋店	3,328	3,535	6,324	3,567	3,321	3,145

「指定の値」で4,000より大きいセルを強調した場合

28.3　グラフの作成

　「グラフ」の項目は、手軽にグラフを作成したいときに利用します。アイコンの上にマウスを移動するだけで「グラフのプレビュー」が表示されるため、「グラフを作成するほどではないが、データ推移のイメージを確認しておきたい」という場合にもクイック分析が活用できます。

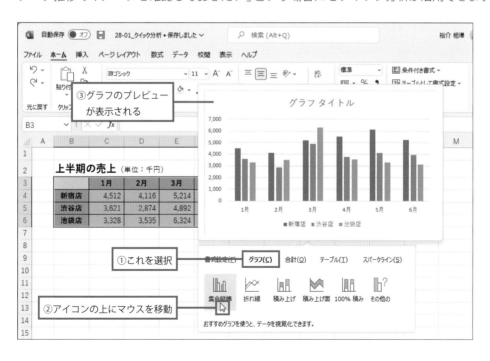

　もちろん、アイコンをクリックしてグラフを作成することも可能です。作成したグラフは、P78〜89で解説した方法でカスタマイズできます。

28.4 関数の自動入力

「合計」の項目は、セル範囲の下（または右）に合計や平均といった関数を自動入力するときに利用します。計算結果のプレビューも表示されるため、合計や平均の値を素早く確認したいときにも活用できます。

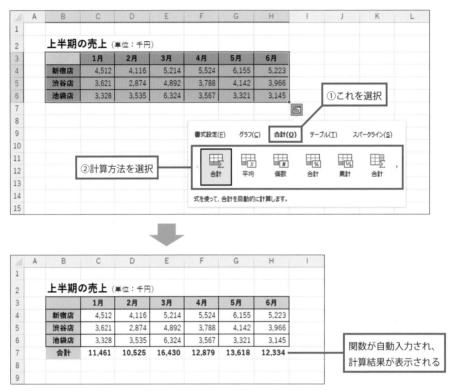

「合計」を選択した場合

28.5 テーブル

「テーブル」の項目は、選択したセル範囲をテーブルとして扱ったり、ピボットテーブルを作成したりする場合に利用します。ただし、少し上級者向けの機能になるため、本書では説明を省略します。気になる方は、Excelのヘルプなどを参考に使い方を学習してください。

| | 渋谷店 | 3,621 | 2,874 | 4,892 | 3,788 | 4,142 | 3,966 |
| | 池袋店 | 3,328 | 3,535 | 6,324 | 3,567 | 3,321 | 3,145 |

書式設定(F)　グラフ(C)　合計(O)　テーブル(T)　スパークライン(S)

テーブル　空のピボット

テーブルを使用すると、データの並べ替え、フィルター処理、集計を行うことができます。

「テーブル」に用意されているアイコン

28.6 スパークライン

「スパークライン」は、セル内に簡易グラフを作成する機能です。データの推移を視覚的に示したい場合などに活用できます。

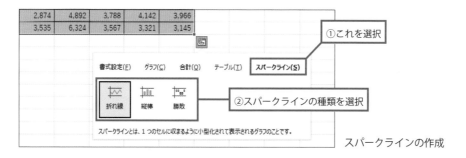

スパークラインの作成

◆折れ線

	A	B	C	D	E	F	G	H	I	J
1										
2		**上半期の売上** (単位：千円)								
3			1月	2月	3月	4月	5月	6月		
4		新宿店	4,512	4,116	5,214	5,524	6,155	5,223		
5		渋谷店	3,621	2,874	4,892	3,788	4,142	3,966		
6		池袋店	3,328	3,535	6,324	3,567	3,321	3,145		
7										
8										

データの推移を「折れ線グラフ」で示すことができます。

◆縦棒

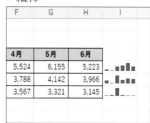

	F	G	H	I
3	4月	5月	6月	
	5,524	6,155	5,223	
	3,788	4,142	3,966	
	3,567	3,321	3,145	

データの推移を「縦棒グラフ」で示すことができます。

◆勝敗

	A	B	C	D	E	F	G	H	I	J
1										
2		**上半期の売上** (前年比)								
3			1月	2月	3月	4月	5月	6月		
4		新宿店	3.5%	-2.1%	5.1%	7.8%	12.4%	6.6%		
5		渋谷店	-5.1%	-11.7%	9.7%	-1.2%	1.4%	3.1%		
6		池袋店	4.5%	6.8%	13.7%	-5.6%	-4.7%	-1.2%		
7										
8										

「正の数」と「負の数」を視覚的に示すことができます。

演習

（1）answer28-00.xlsxのファイルをダウンロードし、**クイック分析**を使って「各店舗の売上」の平均を求めてみましょう。

※ https://cutt.jp/books/978-4-87783-856-0/ からダウンロードできます。

※表の右側に「平均」を求める関数を自動入力します。

（2）B3 ～ H6のセル範囲を選択し、「**積み上げ縦棒**」のグラフをプレビューしてみましょう。

※画面に表示させるだけで、グラフの作成は行いません。

Step 29 ウィンドウ枠の固定とシートの保護

このステップでは「ウィンドウ枠の固定」と「シートの保護」の使い方を解説します。これらの機能は、作成した表をもっと使いやすくしたい場合などに活用できます。

29.1 ウィンドウ枠の固定

行数の多い表は、「ウィンドウ枠の固定」で「見出し」を画面に固定しておくと、表が見やすくなります。たとえば、1～3行目を常に画面に表示させるときは、以下のように操作します。

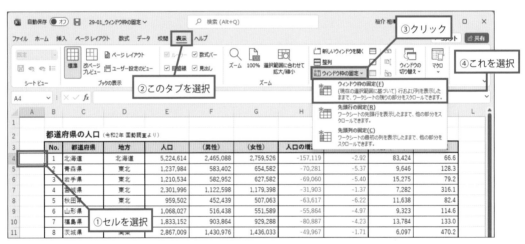

A列の4行目にあるセル（A4セル）を選択します。続いて、［表示］タブを選択し、「ウィンドウ枠の固定」→「ウィンドウ枠の固定」を選択します。

選択したセルより「上にある行」（1～3行目）が固定され、画面をスクロールしても、1～3行目は常に表示されるようになります。

また、行と列の両方を固定することも可能です。この場合は、以下のように操作します。

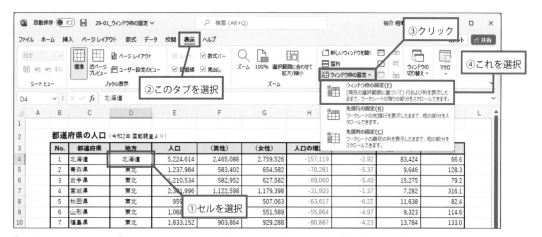

「固定しない行、列」の「先頭にあるセル」を選択します。続いて、［表示］タブにある「ウィンドウ枠の固定」
→「ウィンドウ枠の固定」を選択します。

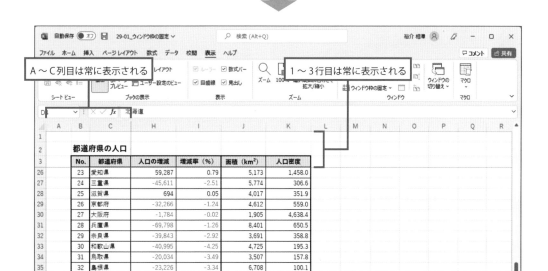

なお、「ウィンドウ枠の固定」を解除するときは［表示］タブを選択し、「ウィンドウ枠の固定」
→「ウィンドウ枠固定の解除」を選択します。

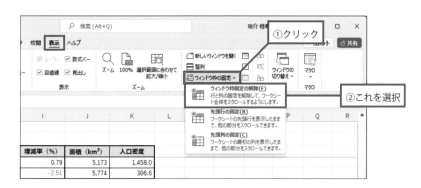

29.2 シートの保護

「シートの保護」は、「編集可能なセル範囲」を限定できる機能です。操作ミスにより数式を削除してしまったり、書式を変更してしまったりしないように、大事な部分を保護しておくとよいでしょう。「シートの保護」を指定するときは、以下のように操作します。

「データの修正」や「書式の変更」を許可するセル範囲を選択し、[ホーム] タブにある ⬐ をクリックします (図29-1)。

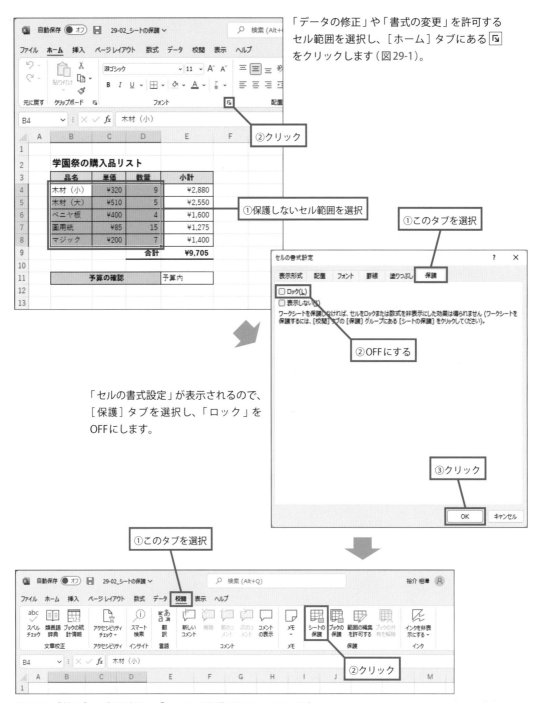

「セルの書式設定」が表示されるので、[保護] タブを選択し、「ロック」をOFFにします。

続いて、[校閲] タブを選択し、「シートの保護」をクリックします。

 ワンポイント

許可する操作
ここでは、すべてのセル
で実行可能な操作を指定
します。ロックを OFF
にしたセル範囲は保護の
対象外となるため、この
指定に関係なく、すべて
の操作を実行できます。

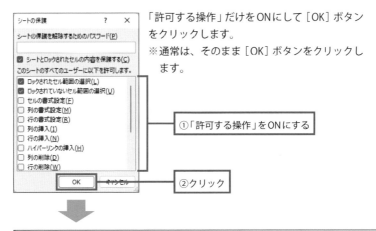

「許可する操作」だけを ON にして［OK］ボタン
をクリックします。

※通常は、そのまま［OK］ボタンをクリックし
ます。

 ワンポイント

シートの保護の解除
［校閲］タブにある
「シート保護の解除」を
クリックすると、「シー
トの保護」が解除され、
すべてのセルを自由に編
集できるようになりま
す。

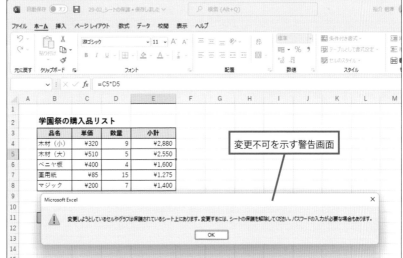

「シートの保護」が適用され、ロックを OFF にしたセル範囲だけが編集可能になります。他
のセルを編集しようすると、警告画面が表示され、操作がキャンセルされます。

演習

（1）answer29-00.xlsx のファイルをダウンロードし、「ウィンドウ枠の固定」を使って 1 〜 3 行目と
A 〜 C 列目を画面に固定してみましょう。

※https://cutt.jp/books/978-4-87783-856-0/ からダウンロードできます。

※作業後、画面を下や右へスクロールし、行／列の固定を確認します。

（2）ステップ 27 の演習（3）で保存したファイルを開き、「シートの保護」を使って編集可能なセル範
囲を C4 〜 E13 に限定してみましょう。

（3）C4 〜 E13 以外のセルは、「データの修正」や「書式の変更」ができないことを確認してみましょう。

※例：C14 セルに入力されている関数を削除してみる。

（4）C4 〜 E13 の数値を変更すると、平均点の計算結果（C14 〜 E14）が変化することを確認してみま
しょう。

※例：C5 セルの数値を「70」に変更する。

Step 30 画像や図形の挿入

最後に、ワークシートに「画像」や「図形」を挿入する方法を紹介します。この操作手順は他のOfficeアプリケーションと同じなので、WordやPowerPointの解説書も参考にするとよいでしょう。

30.1 画像の挿入

スマートフォンやデジタルカメラで撮影した写真など、画像ファイルをワークシートに挿入するときは、以下のように操作します。

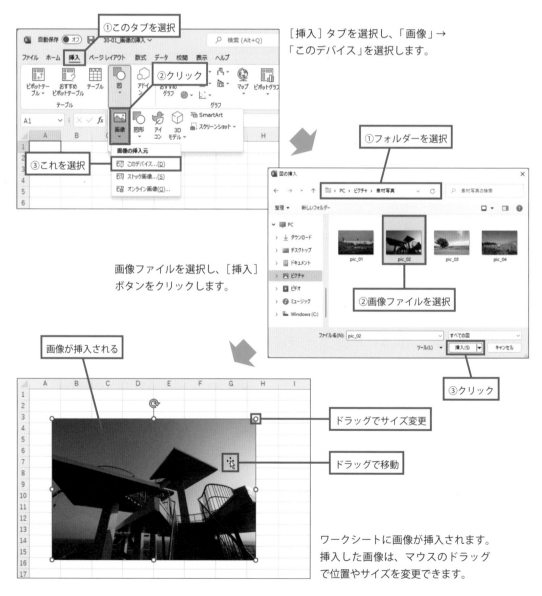

［挿入］タブを選択し、「画像」→「このデバイス」を選択します。

①フォルダーを選択

②画像ファイルを選択

③クリック

画像ファイルを選択し、［挿入］ボタンをクリックします。

ドラッグでサイズ変更

ドラッグで移動

ワークシートに画像が挿入されます。挿入した画像は、マウスのドラッグで位置やサイズを変更できます。

30.2 図形の描画

四角形や三角形、円などの図形をワークシートに描画することも可能です。図形を描画するときは、以下のように操作します。

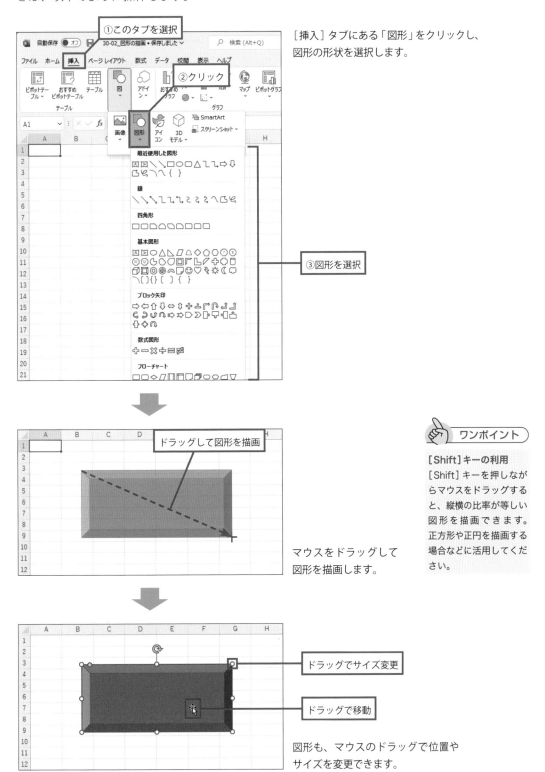

[挿入] タブにある「図形」をクリックし、図形の形状を選択します。

①このタブを選択

②クリック

③図形を選択

ドラッグして図形を描画

マウスをドラッグして図形を描画します。

ドラッグでサイズ変更

ドラッグで移動

図形も、マウスのドラッグで位置やサイズを変更できます。

☞ ワンポイント

[Shift] キーの利用
[Shift] キーを押しながらマウスをドラッグすると、縦横の比率が等しい図形を描画できます。正方形や正円を描画する場合などに活用してください。

30.3 図形の編集

　描画した図形は、「内部の色」や「枠線の書式」などを自由に変更できます。図形の書式を変更するときは、図形をクリックして選択し、[図形の書式] タブを操作します。たとえば、図形の色を変更するときは、「図形の塗りつぶし」の⌄をクリックして一覧から色を選択します。

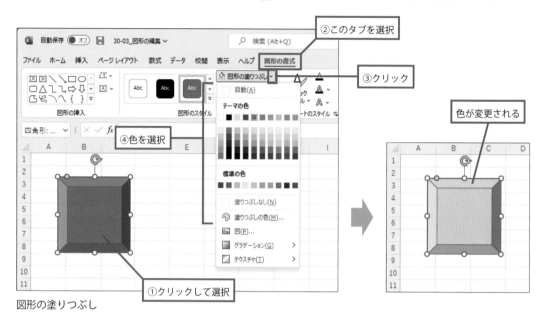

図形の塗りつぶし

　図形の周囲を囲む「枠線の書式」を変更するときは、「図形の枠線」の⌄をクリックし、枠線の色、太さ、種類を指定します。

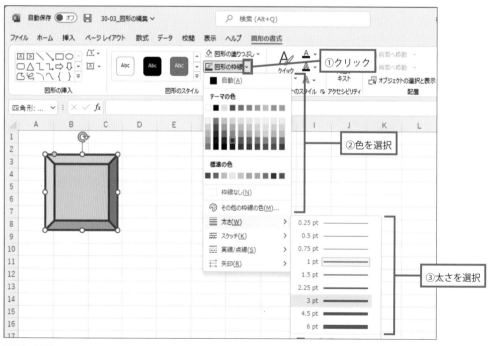

図形の枠線

そのほか、「**図形の効果**」で図形を装飾したり、「**図形のスタイル**」にある □ をクリックして、あらかじめ用意されているデザインの中から書式を選択することも可能です。

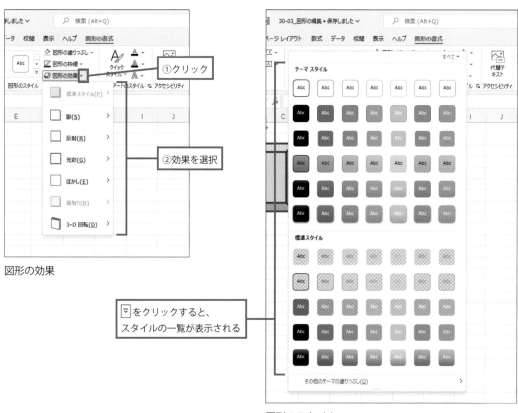

図形の効果

図形のスタイル

演習

（1）Excelを起動し、ワークシートに**画像**を挿入してみましょう。

　　※各自のパソコンに保存されている適当な画像ファイルを挿入します。

（2）Excelを起動し、以下のような**図形**を描画してみましょう。

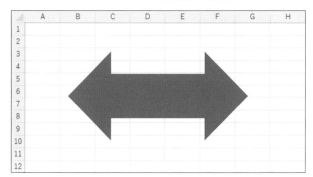

（3）図形の色を「**オレンジ**」、枠線を「**4.5ポイント、緑**」に変更してみましょう。

索引 Index

ご質問がある場合は・・・

本書の内容についてご質問がある場合は、本書の書名ならびに掲載箇所のページ番号を明記の上、FAX・郵送・Eメールなどの書面にてお送りください（宛先は下記を参照）。電話でのご質問はお断りいたします。また、本書の内容を超えるご質問に関しては、回答を控えさせていただく場合があります。

新刊書籍、執筆陣が講師を務めるセミナーなどをメールでご案内します

登録はこちらから

http://www.cutt.co.jp/ml/entry.php

情報演習 ⑥④

Excel 2021 ワークブック

2022年11月20日　初版第1刷発行

著　者	相澤 裕介
発行人	石塚 勝敏
発　行	株式会社 カットシステム
	〒169-0073 東京都新宿区百人町4-9-7　新宿ユーエストビル8F
	TEL　（03）5348-3850　　FAX（03）5348-3851
	URL　http://www.cutt.co.jp/
	振替　00130-6-17174
印　刷	シナノ書籍印刷 株式会社

本書に関するご意見、ご質問は小社出版部宛まで文書か、sales@cutt.co.jp宛にe-mailでお送りください。電話によるお問い合わせはご遠慮ください。また、本書の内容を超えるご質問にはお答えできませんので、あらかじめご了承ください。

Cover design *Y. Yamaguchi*　　　　　　Copyright©2022　相澤 裕介

Printed in Japan　ISBN 978-4-87783-850-8

30ステップで基礎から実践へ！ ステップバイステップ方式で確実な学習効果をねらえます

留学生向けのルビ付きテキスト（漢字にルビをふってあります）

情報演習 C ステップ 30 （Windows 10 版）
留学生のためのタイピング練習ワークブック
ISBN978-4-87783-800-3／定価 880円 税10%

情報演習 38 ステップ 30
留学生のための Word 2016 ワークブック
ISBN978-4-87783-795-2／定価 990円 税10% 本文カラー

情報演習 39 ステップ 30
留学生のための Excel 2016 ワークブック
ISBN978-4-87783-796-9／定価 990円 税10% 本文カラー

情報演習 42 ステップ 30
留学生のための PowerPoint 2016 ワークブック
ISBN978-4-87783-805-8／定価 990円 税10% 本文カラー

情報演習 49 ステップ 30
留学生のための Word 2019 ワークブック
ISBN978-4-87783-789-1／定価 990円 税10% 本文カラー

情報演習 50 ステップ 30
留学生のための Excel 2019 ワークブック
ISBN978-4-87783-790-7／定価 990円 税10% 本文カラー

情報演習 51 ステップ 30
留学生のための PowerPoint 2019 ワークブック
ISBN978-4-87783-791-4／定価 990円 税10% 本文カラー

情報演習 47 ステップ 30
留学生のための HTML5 & CSS3 ワークブック
ISBN978-4-87783-808-9／定価 990円 税10%

情報演習 48 ステップ 30
留学生のための JavaScript ワークブック
ISBN978-4-87783-807-2／定価 990円 税10%

情報演習 43 ステップ 30
留学生のための Python [基礎編] ワークブック
ISBN978-4-87783-806-5／定価 990円 税10%／A4判

留学生向けドリル形式のテキストシリーズ

情報演習 52 　　　　　　　　　　　Word 2019 対応
留学生のための Word ドリルブック
ISBN978-4-87783-792-1／定価 990円 税10% 本文カラー

情報演習 53 　　　　　　　　　　　Excel 2019 対応
留学生のための Excel ドリルブック
ISBN978-4-87783-793-8／定価 990円 税10% 本文カラー

情報演習 54 　　　　　　　　　　PowerPoint 2019 対応
留学生のための PowerPoint ドリルブック
ISBN978-4-87783-794-5／定価 990円 税10% 本文カラー

ビジネス演習ワークブック

ビジネス演習 2
留学生のための 簿記初級 ワークブック
ISBN978-4-87783-702-0／定価 990円 税10%

タッチタイピングを身につける

情報演習 B ステップ 30
タイピング練習ワークブック Windows 10 版
ISBN978-4-87783-838-6／定価 880円 税10%

Office のバージョンに合わせて選べる

情報演習 26 ステップ 30
Word 2016 ワークブック 本文カラー
ISBN978-4-87783-832-4／定価 990円 税10%

情報演習 27 ステップ 30
Excel 2016 ワークブック 本文カラー
ISBN978-4-87783-833-1／定価 990円 税10%

情報演習 28 ステップ 30
PowerPoint 2016 ワークブック 本文カラー
ISBN978-4-87783-834-8／定価 990円 税10%

情報演習 55 ステップ 30
Word 2019 ワークブック 本文カラー
ISBN978-4-87783-842-3／定価 990円 税10%

情報演習 56 ステップ 30
Excel 2019 ワークブック 本文カラー
ISBN978-4-87783-843-0／定価 990円 税10%

情報演習 57 ステップ 30
PowerPoint 2019 ワークブック 本文カラー
ISBN978-4-87783-844-7／定価 990円 税10%

Photoshop を基礎から学習

情報演習 30 ステップ 30
Photoshop CS6 ワークブック 本文カラー
ISBN978-4-87783-831-7／定価 1,100円 税10%

ホームページ制作を基礎から学習

情報演習 35 ステップ 30
HTML5 & CSS3 ワークブック [第 2 版]
ISBN978-4-87783-840-9／定価 990円 税10%

情報演習 36 ステップ 30
JavaScript ワークブック [第 3 版]
ISBN978-4-87783-841-6／定価 990円 税10%

コンピュータ言語を基礎から学習

情報演習 31 ステップ 30
Excel VBA ワークブック
ISBN978-4-87783-835-5／定価 990円 税10%

情報演習 32 ステップ 30
C 言語ワークブック 基礎編
ISBN978-4-87783-836-2／定価 990円 税10%

情報演習 6 ステップ 30
C 言語ワークブック
ISBN978-4-87783-820-1／定価 880円 税10%

情報演習 7 ステップ 30
C++ ワークブック
ISBN978-4-87783-822-5／定価 880円 税10%

情報演習 33 ステップ 30
Python [基礎編] ワークブック
ISBN978-4-87783-837-9／定価 990円 税10%

この他のワークブック、内容見本などもございます。
詳細はホームページをご覧ください
https://www.cutt.co.jp/

ローマ字一覧

あ行

あ	A ち	
い	I に	
う	U な	
え	E いい	
お	O ら	
ぁ	X さ	A ち
ぃ	X さ	I に
ぅ	X さ	U な
ぇ	X さ	E いい
ぉ	X さ	O ら

か行

か	K の	A ち
き	K の	I に
く	K の	U な
け	K の	E いい
こ	K の	O ら
きゃ	K の Y ん	A ち
きゅ	K の Y ん	U な
きょ	K の Y ん	O ら

さ行

さ	S と	A ち
し	S と	I に
す	S と	U な
せ	S と	E いい
そ	S と	O ら
しゃ	S と Y ん	A ち
しゅ	S と Y ん	U な
しょ	S と Y ん	O ら

た行

た	T か	A ち
ち	T か	I に
つ	T か	U な
て	T か	E いい
と	T か	O ら
ちゃ	T か Y ん	A ち
ちゅ	T か Y ん	U な
ちょ	T か Y ん	O ら

な行

な	N み	A ち
に	N み	I に
ぬ	N み	U な
ね	N み	E いい
の	N み	O ら
にゃ	N み Y ん	A ち
にゅ	N み Y ん	U な
にょ	N み Y ん	O ら

は行

は	H く	A ち
ひ	H く	I に
ふ	H く	U な
へ	H く	E いい
ほ	H く	O ら
ひゃ	H く Y ん	A ち
ひゅ	H く Y ん	U な
ひょ	H く Y ん	O ら

ま行

ま	M も	A ち
み	M も	I に
む	M も	U な
め	M も	E いい
も	M も	O ら
みゃ	M も Y ん	A ち
みゅ	M も Y ん	U な
みょ	M も Y ん	O ら